学術書を書く

Rethinking Scholarly Publications

鈴木哲也
Tetsuya Suzuki
高瀬桃子
Momoko Takase

京都大学学術出版会

目　次

第Ⅲ部　刊行する
——サーキュレーションを高める工夫と制作の作法

序　章

Publish or Perishから Publish and Perishの時代へ
――なぜ，学術書の書き方を身につけるのか

1　Publish or Perish（出版か死か）と学術出版の疲弊

2　Publish and Perish（出版しても救われない）時代の到来

3　電子化時代の「仕分け」と技法・作法

4　本書の使い方

研究者，あるいは研究者を志す方なら，一度はPublish or Perishという言葉を聞いたことがあるかもしれません。「出版（発表）か死か」と訳されてきたこの語が，アカデミックな場で使われるようになったのは，かなり以前のことのようですが（Garfield，1996），成果発表をしない研究者への批判，叱咤として長く使われてきたことは，間違いないでしょう。

しかしこの語の持つニュアンスは，この四半世紀，少しずつ変化してきたように感じます。以前は，教授が怠け者の大学院生を叱るような場で使われてきたのが，ある時期を境に，成果発表ができないとポストや研究費が得られない，という焦燥感や苛立ちを伴って，すでに立派な研究者となった人の口から語られるようになり，さらには，研究者個人の問題としてだけではなく，研究機関の問題として，つまり，学術成果を公開できない大学や機関は生き残れない，という文脈でも語られるようになりました。すなわち，査読付きの学術雑誌や書籍などきちんと審査されて刊行される学術的な著作がどれだけあるか，しかも単に発表数だけではなく，引用数がどれだけあるか，といったことが大学や研究機関を評価する主要な基準になってくると，個人にとっての「出版か死か（Publish or Perish）」と訳されてきたこのフレーズが，組織にとっての「出版か廃止か」とでも訳すべき語になってきたのです。ある時期，と漠然と書きましたが，筆者の感覚では，1990年代初めの大学設置基準の大綱化以降の一連の大学改革，特に自己点検・評価システムの導入と大学院重点化，さらに国公立大学・研究機関の法人化を境に，こうした傾向が強くなったように思います。学術研究の世界に，競争原理が制度として導入された時期，といってよいでしょう。

1　Publish or Perish（出版か死か）と学術出版の疲弊

さて，問題はここからです。学術研究に競争原理が導入され，それを測る量的な物差しとして学術成果の公開が用いられるようになった結果，以前では考えられなかったゆがみが，学術世界に現れたのです。

この四半世紀で，特にSTM（理学，工学，医学）といわれる領域で論文数が非常に増大したことはよく知られていて，あまたの報告があります。そうした報告は，多くの場合，有名な国際学術誌の論文データベースをもとに議論されることが多いのですが，本の世界でもそれは同様です。学術書とは何か，という定義の問題もあって統計的なデータがなく，確かな数字は出しにくいのですが，そうした傾向が確実にあることは次の三つのことから強く類推されます。

一つは，アメリカの学術出版，特に大学出版部の動向です。S. チョドロウは，"The Once and Future Monograph"（「学術書の過去と未来」）と名付けた論文の中で，学術書が単に終身在職権や昇任のための評価の道具として扱われ，いたずらに内容が狭域化し，知的価値あるものとして扱われない状況が生まれたという趣旨の指摘をしていますが（Chodorow, 1999），「Publish or Perish」の先進国アメリカでは，研究者の何割かは，大学における終身雇用権を得るために学位論文をそのまま出版し，少なからずその受け皿となっていたのは大学の出版部でした。その結果はどうだったでしょう。

アメリカにはアメリカ大学出版部協会（The Association of American University Presses: AAUP）傘下に約120の大学出版部があります。表序–1は，やや古い資料に基づく（1997年）ものですが，AAUP傘下の出版部の経営状況を指数で表したものです（渡辺，1999）。この調査に協力しているのは当時の参加校の約半数と思われますが，明らかな傾向は，大学出版部が大きく二極化していて，特に小規模出版部（I・IIグループ）は母体大学の援助なしには全く経営は成り立たず，大規模出版部も含めて純粋に黒字経営であったのはおそらく十数校であろうということです。もともと，アメリカの大学出版部は，学術コミュニケーションの担い手として，歴史と影響力を持っていました（ホウズ（箕輪訳），1969）。それが，研究評価の単なる道具となった結果，ほとんどビジネスとしての体を成さない状態になってしまったのです。

次に日本に目を向けましょう。図序–1は，我が国における年間の書

表序-1　アメリカ大学出版部の経営状況（渡辺，1999 より）

	Ⅰグループ（23 出版部）	Ⅱグループ（15 出版部）	Ⅲグループ（15 出版部）	Ⅳグループ（8 出版部）	計（平均）（61 出版部）
基準売上額（100 万ドル）	～1.5	1.5～3	3～6	6～	
平均売上額（100 万ドル）	0.9	2.0	4.0	14.0	3.6
出版点数	34	72	115	227	85
正職員数	12.8	24.1	37.1	96.7	32.6
指数表現した「損益」状況					
総売上	117.6	118.6	118.9	120.5	119.9
総返品	17.6	18.6	18.9	20.5	19.9
純売上	100.0	100.0	100.0	100.0	100.0
売上原価（編集費含まず）	51.7	48.0	42.5	44.5	45.1
粗　利	48.3	52.0	57.5	55.5	54.9
雑収入	1.5	3.3	2.0	4.7	3.5
売上利益	49.8	55.3	59.5	60.2	58.4
総経費（編集費を含む）	89.0	78.9	70.2	63.8	70.0
営業損益	－39.2	－23.6	－10.7	－3.6	－11.6
母体大学からの援助	33.9	16.5	4.8	0.7	7.4
助成金	6.1	4.0	3.9	2.8	2.8
以上計	40.0	20.5	8.7	3.5	10.2
経営損益	0.8	－3.1	2.0	－0.1	－1.4

純売上（本の出荷売上から返品を除いた純粋な売上額）を 100 とした指数表示で損益を見ると，売上額 150 万ドル以下の小規模出版部（グループⅠ）の場合，原価や経費が売上を大幅に上回り営業損益が大きくマイナス（－39.2）になっている。その結果，母体大学からの多額の援助が不可欠になっている。母体大学の援助をほとんど必要としないのは，わずかに売上額 600 万ドル以上の大規模出版部（グループ IV）のみであることが分かる。

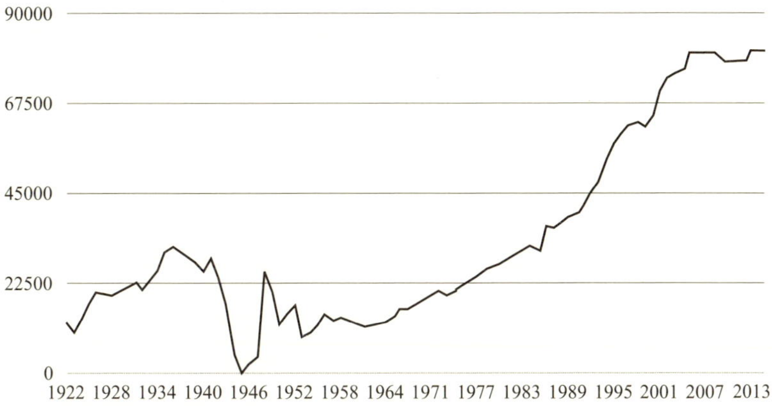

日本出版百年史年表／出版データブック 1945-1996／出版年鑑 2014 より作成

図序-1　日本の書籍刊行点数の推移

籍刊行点数の推移です。大正時代の終わり頃から 21 世紀まで，やや長く時間軸をとったのは，1980 年代以降，とりわけ 90 年代に入ってからの刊行点数の増大の異常さを見て欲しいからです。グラフに見えるように，昭和の初めには，日本の年間書籍刊行点数は 2 万を超えました。その後，アジア太平洋戦争での敗戦前後に激減するものの，驚くほど早くその水準を回復し，1970 年代の末まで，概ね 2 万点台で推移します。人口の増減に鑑みても，おそらく，出版が我が国で産業として最適に定常化するのは，この規模なのかもしれません。それが，80 年代から顕著な上昇傾向に転じ，90 年代初め，前述のように学術世界に制度として競争原理が導入された時期と見事に重なって，グラフは急速に上昇します。もちろん，学術書がどの程度増大したのか，こうした急騰に学術出版がどれほど影響を与えたのかは，データがない以上，定かでありません。しかし，後述するように，この時期すなわち 80 年代〜90 年代に，学術研究の世界で大きな変化が起こったのは事実で，そうした事柄と全く無関係ではないようにも思われます。さしあたり，このことは心に留めておいてください。

さて，こうした書籍刊行点数の急上昇を第二の状況証拠として，三つ目は，日本の大学出版部の動向です。実は，刊行点数の上昇に応じて，

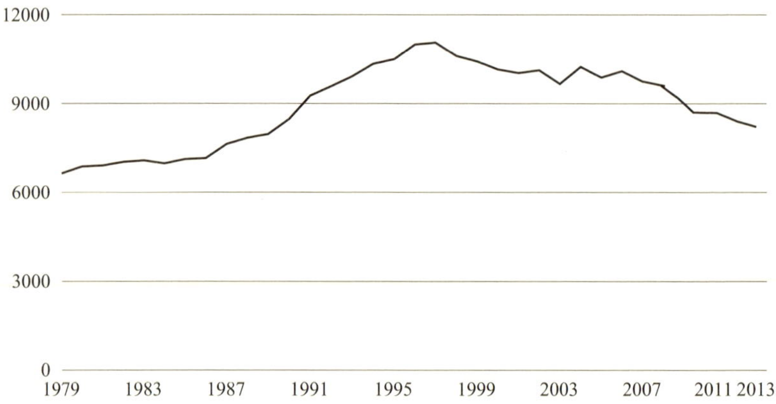

出版年鑑 2014 より作成

図序-2　年間書籍売上総額の推移（単位：億円）

書籍市場もある時期までは拡大を続けました。ところが図序-2に見えるように，日本の書籍総売上は，1996年を境に減少に転じます。それに伴って，出版社の数も約4600社をピークに急速に減っていきます（図序-3）。いわゆる出版不況で，今，日本の出版業界が，統計で見る限り一路縮小の途にあることは，誰もが知るところです。先述したように，「学術書」だけを取り出した統計は存在しないので明瞭にはいえないのですが，出版史に記された時々の論調をたどっていくと，不調の兆しはすでに1970年代の前半に見られ，70年代末にはそれが顕在化しました（東京大学出版会，1991；2001）。いわゆる「学生の本離れ」という状況で，80年代以降は，ほぼ一貫した低成長の中にあったといってよいでしょう。

およそビジネスというものは，市場が成長してこそ拡大します。しかし，あろうことか，かような厳しい出版不況の中にあって大学出版部の設立はむしろ活発なのです。表序-2は，2014年春の時点までで，何らかの形で出版活動をした，我が国の大学出版部の設立年を筆者の手元で分かる限り一覧したものです（空欄は設置年が不明）。代表的出版部の一つ東京大学出版会が設立されたのは1951年で，古くは明治の初期にまで創立が遡る出版部もあるものの，1990年代に入って設立された出版

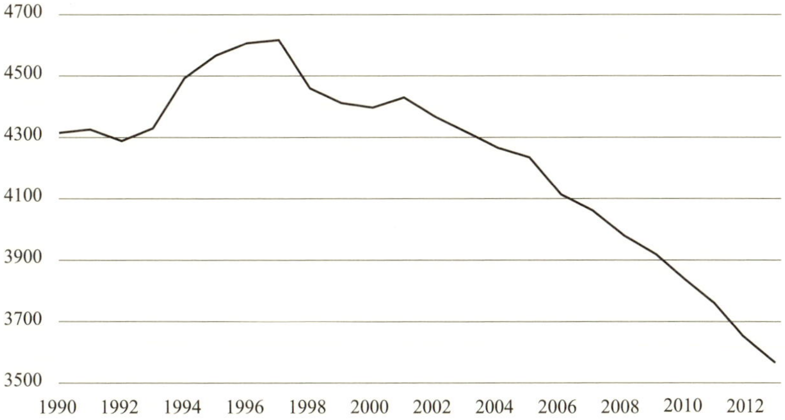

出版年鑑 2014 より作成

図序−3 出版社数の推移

部が，特に，国・公立大学に関わって多いことに気づきます。さらにいえば，出版市場が縮小に転じた1996年以降に，一種の設立ブームがあったことも分かります。

これらすべての出版部の活動量を調査することは叶いませんでしたが，日本の大学出版部協会（AJUP）に加盟している出版部についてはほぼ正確な数字が調査されていて，それを見ると，1970年には年間347点だった刊行点数は，1980年には478点，1990年には581点，2010年には770点，本書刊行時点で最新の2014年の調査では，723点となっています。日本全体の書籍刊行点数の上昇率ほどではないにせよ，大きく増大しています。

この大学出版部設置ブームには，二つの背景があります。一つは，冒頭に述べた，「Publish or Perish」が個人だけでなく組織に求められているという事情，もう一つは，にもかかわらず市場が縮小し，既存の出版社が，「Publish」の受け皿たりえなくなっている，という事情です。自然科学系の領域では，成果公開の場は学術雑誌の場合がほとんどでしょうが，人文・社会科学や複合的な新領域では，教科書や概説書も含めた書籍の形で出版することが，主要な業績として評価されます。もちろんそ

表序-2　日本の大学出版部の設置年（大学出版部協会の調査等による）

愛知学泉大学出版会	
愛知教育大学出版会	2005
愛知県立大学学生出版会	
会津大学出版局	
IUP・移動大学出版会	
青森大学出版局	1972
石川県立大学出版会	2012
愛媛大学メディアサポーター出版部	2003
追手門学院大学出版会	2013
大阪大学出版会	1993
大阪経済法科大学出版部	1987
大阪公立大学共同出版会	2001
大阪樟蔭女子大学出版部	
岡山大学出版会	2007
小樽商科大学出版会	2007
お茶ノ水女子大学 E-book サービス	
金沢医科大学出版局	1990
金沢工業大学出版局	1989
金沢歯科大学出版局	
カリタス女子短期大学出版局	
関西大学出版部	1947
関西学院大学出版会	1997
神田外語大学出版局	
関東学院大学出版会	2001
九州大学出版会	1975
京都大学学術出版会	1989
京都産業大学出版会	1985
近畿大学出版局	2005
慶應義塾大学出版会	1947
皇學館大学出版部	1967
高知工科大学出版会	
高野山大学出版部	1940
公立はこだて未来大学出版会	2014
国際医療福祉大学出版会	2004
国際教養大学出版会	2009
国連大学出版局	1975
埼玉大学出版会	2008
埼玉工業大学出版会	2011
産業能率大学出版部	1965
静岡学術出版	
首都大学東京（東京都立大学出版会）	1999
上越教育大学出版会	2013
城西国際大学出版会	
城西大学出版会	2013
上智大学出版	1999
上武大学出版会	
女子栄養大学出版部	1935
信州短期大学出版部	1992
聖学院大学出版会	1991
聖徳大学出版会	2002
専修大学出版局	1974
大正大学出版会	1927
玉川大学出版部	1923
中央大学出版部	1948
筑波大学出版会	2007
帝京大学出版会	
帝塚山大学出版会	2006
天理大学出版部	
東海大学出版部	1962
東京大学出版会	1951
東京外国語大学出版会	2008
東京学芸大学出版会	2001
東京藝術大学出版会	2007
東京工業大学学術情報部	
東京電機大学出版局	1907
東京農業大学出版会	1924
東京農工大学出版会	2006
東京富士大学出版部	
東京理科大学出版会	1959
同志社大学出版部	1953
東北大学出版会	1996
富山大学出版会	2006
名古屋大学出版会	1982
奈良教育大学出版会	2008
二松学舎大学出版部	1975
日本文理大学出版会	2010
白鴎大学出版局	
東日本国際大学出版部	
弘前大学出版会	2004
広島大学出版会	2004
プール学院大学出版部	2007
富士短期大学出版部	1962
法政大学出版局	1948
放送大学教育振興会	1984
北陸大学出版会	
北海道大学出版会	1970
松本歯科大学出版会（MDU 出版会）	1994
松本大学出版会	2003
三重大学出版会	1998
武庫川女子大学出版部	
武蔵野大学出版会	2005
武蔵野美術大学出版局	1983
明治大学出版会	2011
明星大学出版部	1975
山形大学出版会	2007
横浜薬科大学出版部	
立教大学出版会	2001
立命館大学出版部	1926
流通経済大学出版会	1977
麗澤大学出版会	1999
早稲田大学出版部	1886

＊グレーで示した出版部は，2015 年 3 月現在の大学出版部協会の加盟出版部。

の場合でも，単に本の形にすればよいわけでなく，どれだけ影響力を持つかが問題にされますから，しかるべきサーキュレーション（流通・普及）が見込まれる出版社から刊行すべきです。ところが，先述した出版不況の中では，よほど「売れる」と見込まれるものしか出版してもらえない。となれば，大学や機関が自前で出版セクションを持ってしまおう，と考えるのは，自然なことです。

こうした動きがビジネスの観点から見た場合，問題がないものなのかどうか。実際，設置後数年を経ずして事実上活動を停止した大学出版部もあり，慎重に検討すべき事柄ではありますが，本書はそれを論じるものではありません。しかし，Publish or Perish の意味の変化に応じて急速に起こったこれらの現象が，学術成果の公開にとってさらに深刻な問題，すなわち出版しても救われない，「Publish and Perish」とでもいうべき問題を引き起こしているのではないか，というのが筆者の危惧することなのです。

2 Publish and Perish（出版しても救われない）時代の到来

先に，アメリカの大学出版部の状況を紹介しましたが，京都大学学術出版会では，1999 年以来，海外の学術出版社，大学出版部と共同して，日本から英文の学術書を世界に向けて刊行するという取り組みを続けています。そこで知り合った欧米圏の編集者は，競争の激しい彼の地で鍛えられた学術出版の技法について，豊富な経験に基づいて教示してくれますが，同じビジネスマンとして，学術書の売れ行きについて議論するとき，最も真剣になるといってよいでしょう。彼らの発言を総合すると，アメリカの場合，以前の学術書（チョドロウのいう，The Once Monograph）の初刷部数はおおよそ 2000 部だったということでした。京都大学学術出版会の場合，翻訳書や市民向けの教養書，教科書以外の「狭義の研究書」の場合，平均初刷部数は 1000 部程度で，日本とアメリカの研究者人口の差を考えると，この 2000 という数字の妥当性はよく分かります。

ところが，「Publish or Perish」の受け皿となって以来，いわゆるオンデマンド印刷（POD：print on demand，簡易な印刷製本システムによって少部数のみ印刷すること。しかし，必然的に1部あたりのコストは高くなり，本の価格は上がる）の普及と相まって，初刷部数は激減した（場合によっては，200〜300部）といいます。しかも，それで増刷できるかというと，そうではなくて，200〜300の売り上げがやっと。というのも，チョドロウがいうように，単なる人事審査の道具となってしまった「学術書」は，広い読者に向けた知的価値あるものとみなされないからだ，というのです。

こうした状況について，ハーバード大学出版部人文学部門編集長（Executive Editor for the Humanities）のL. ウォーターズは，「好まれもせず読まれもしない論文の山（mountains of unloved and unread publications）」が編集長室に積み上がっている，という趣旨の発言をしています（Waters, 2004）。いかにも乱暴なこの種の表現には筆者は同意するものではありません。しかしより深刻なレポート，すなわち社会科学の75%の論文は1度も引用されず，それどころか人文学では98%（分野によってはもっと悪い）の論文が全く引用されないというデータ（Hamilton, 1991; Cheney, 1991　これらのデータの所在は，ボック（2015）の示唆による）に接すると ── それらがどんな文脈で調査されたデータであるかについては批判的な検討が必要だとはいえ ── 日本においても学術書，学術論文が読まれないという状況に無頓着ではいられない，と強く思います。もっとも，日本語で書かれたものも含めた，我が国における論文引用率，引用回数に関する調査を筆者はまだ目にしたことはありませんが，チェイニーやハミルトンが指摘するアメリカにおける状況と大きく異なるとは思えません（もちろん，引用を量的に評価すること自体の妥当性について議論することは重要です。ただしこのテーマは本書の目的を越えますので，別稿（鈴木，近刊）で論じることにします）。

要するに論文が読まれず，こと本に関していえば，学術コミュニケーションの媒体としての学術書が少量しか出回らなくなるとはどういうことか。突き詰めればPublish or Perishの前提が崩れてしまう，ということです。読んでもらって初めて評価される学術コミュニケーションの世界で，そもそも読まれなければ，その「Publish」はほとんど価値を持ちません。苦労して研究し頑張って出版はしたけれども，誰も評価してくれない。いわば「Publish and Perish」の時代がやってきた。それでも研究者として評価されるためには，「Publish」の営みを続けなければならない。とすれば，「Publish」そのもののあり方を根本から見直して，真に意味のある出版をしようではないか。学術書の書き方を考えることは，そのために大いに役に立つ，というのが本書の提案です。

では，なぜ「本」なのでしょう。

3　電子化時代の「仕分け」と技法・作法

詳しくは次章で述べますが，「Publish and Perish 時代」が到来した，つまり論文を書いて出版しても，広く読まれなくなってしまった理由の一つに，発表メディアの変化があります。そもそも，学術成果を発表するメディアは大きく拡張し，従来の学術雑誌や学術書は，研究成果の公開手段としては数あるうちの一つとして相対化されてきました。四半世紀前までは，印刷媒体としての紀要類や学術雑誌，学術書しか発表の手段がなかったものが，今は，インターネット上のさまざまなメディア ── 学術情報リポジトリ（大学や研究機関が，自らの組織における教育・研究活動から生み出された学術的な成果を，デジタル形式で保存・公開するシステム）や研究者個人のウェブサイト等 ── を用いて直接情報を発信することも含めて，非常に多彩な手段があります。もちろん従来のメディア自体も電子化され，今や STM の分野では，オンラインジャーナルでない雑誌を見つける方が難しいでしょう。オンラインジャーナル自体も，査読付き有料誌からオープンアクセス誌，査読なしの紀要的なものまで，さまざまです。

こうした中では，従来のメディア，特に印刷媒体としての学術書の需要が減っていくのは，いわば自然なことです。筆者自身，オンライン化，特に学術成果へのオープンアクセスのもつ可能性には注目していますが，それでも伝統的な本としての学術書はなくならず，前述したように，出版点数としてはますます増えているのはなぜか。やはり，学術研究の上で「本」がいまだ何らかの意味を持ち続けているからに違いありません。そうした〈本にすることの意味〉については，第2章で考えてみたいと思いますが，ここで議論を先取りしていうならば，〈本にすることの意味〉が今日的な文脈でますます重要さを増している中で，非常に大事なのが，研究発表のメディアを「仕分け」することです。一言でいえば，「何を本にするのか」という問いが，これまで以上に重要になっているのです。本書の主要なテーマはまさにこのことです。

いうまでもなく，「何を本にするのか」という問いは，「本に何を書くか」と同義ですが，「何を書くか」という先には，「どう書くか」という実践的な問題が控えています。特にこの点は，大学や大学院の授業ではほとんど語られません。最近は「学術ライティング」という講義も見聞きするようになりましたが，学術論文として必須な制度的な決まり事や，図版の効果的な示し方といったものが講義の中心で，読者は誰なのか，「売り」をどう打ち出すかといった企画の仕方，あるいはどうしたら可読性が高まるのか，という細かな技法等，実践的な意味では十分なレベルではないように思います。本書では，筆者二人の経験から，「どう書くか」という問題について，単なる「学術ライティングの決まり事」を超えて，多面的，実践的に考えてみたいと思います。オープンアクセス等の取り組みが，学術コミュニケーションを豊かにする上でも，学術書の書き方について考えることが役に立つと信じています。

さて，この時代，いうまでもなく印刷媒体の制作現場も大きく電子化されました。もっとも研究者の方々には現実の作業はあまり馴染みがないと思いますし，実態を知らないことで，さまざまな誤解が生まれているようです。筆者の恩師の世代すなわち「活版印刷」が一般的だった時代には，印刷媒体に発表するには，特別の作法が必要でした。一言でいえば，一度活字に組まれたら大きくは直せない，ということを前提に執筆するという作法です。ところが，パソコンがほぼ100%研究者に普及すると，いわゆる「ワープロ感覚」つまり自由に修正してそれが瞬時に紙面に反映される，という誤解が広がりました。実は，印刷媒体はもとより電子媒体についても，ことはそう簡単ではありません。この「ワープロ感覚」が制作の現場を混乱させ，ひいてはコスト上昇を引き起こしていることを知っている研究者は，ほとんどいないでしょう。コストの上昇はすなわち価格に反映し，価格の上昇は，サーキュレーション（流通，売上）の低下に容易に結びつきます。そこで本書では，こうした制作現場を理解した学術書の書き方についても考えていきたいと思っています。

4 本書の使い方

以上のような問題意識から，冒頭の第Ⅰ部では，まず，学術情報の多くが電子化された時代に，あえて「学術書」を書くことの意味について，やや原理的に考えてみたいと思います。とはいえ，いわゆる出版史のような記述は極力避け，あくまで実践的な話に徹することにします。

学術書ライティングにとって，最も実践的に役立つようにしたのが，第Ⅱ部です。学術書の出版は，研究上のアイデア一つ，腕一本で成功するものではありません。誰に向けてどう表現するか，本作りのさまざまな手法を使いこなすことも肝要です。ここでも，いわゆる制度的な決まり事，たとえば引用やその指示の方法，古文書の表記法，単位や量の表記の仕方などの事柄や，著作権の処理などについては，そのためのガイドがいくつもありますので，本書の記述に関わって最低限必要な範囲でしか触れません。むしろ，学術書の読者とは誰なのか，その読者に自らのメッセージを届けるにはどうするか，制度的な表記法では語られない内容を，できるだけ筆者二人が，自身の経験した出版事例に則して紹介したいと思っています。そして，学術書を書こうとする皆さんに「多少専門の離れた，しかし広くは関係する分野の研究者・学生にとって魅力的な本」（本書では「二回り外，三回り外の専門家に向けた本」という表現をしばしば用います）を書く手法を会得していただくことをめざしています。

さらに第Ⅲ部では，実際に本を仕上げていく際の留意点を，出版社や印刷会社の担当者に最終原稿を渡すところから本として刊行され販売されるまでのプロセスに即して紹介します。少しの配慮が，いかに効率を上げスムーズな出版に繋がるか，ぜひ知っていただきたいと思います。

ところで，一般の書籍に比べて商業的に成り立ちにくくコスト上の制約を受けやすい一方，内容上は豊富で多彩であることが求められる学術書の出版においては，今日の社会にあるさまざまな制度や技術を使いこなすことも肝要です。特に，日々開発が進む電子的な技術は，伝統的な紙による出版の限界を補完する，さまざまなアイデアを提供してくれます。また，商業的に成立しにくい学術書の刊行を支援する，さまざまな出版助成制度を活用することも大切です。しかし，こうした事柄については参考になる文献がいくつも出ていますので，あえて割愛し，あくまで筆者の経験に基づいて活用できる事例を，小さなコラムで紹介するに止めました。

『知の技法』（東京大学出版会）や，『理科系の作文技術』（中公新書）など，学術論文を書く上での指南書は古くからあります。また，学術書の制度的決まり事の国際的集大成ともいえる，いわゆる『シカゴ・マニュアル』（*The Chicago Manual of Style*）などのスタイルガイドに比べれば，実にコンパクトな本書ではあります。しかし，本書の各パートには，そうしたスタイルガイドや，学生向きのガイドにはない内容を持たせたつもりです。「Publish and Perish」の時代，つまり学術書がなかなか読まれない時代に学術書の出版を志す研究者や学生の皆さん，出版による評価という現実に晒される研究機関の担当者や図書館関係者の皆さん，学術コミュニケーションに関心を持つジャーナリストの皆さん，もちろん筆者らの同業である学術出版人の，明日からの仕事に少しでもお役に立てば幸甚です。

第Ⅰ部

考える

電子化時代に
学術書を書くということ

第1章 知識か「情報」か
——電子化時代の「読者」と知のあり方

1 「プレ電子化時代」の学術メディアと読者

2 学術書と教養主義，あるいはリベラル・アーツ

3 電子化・オンライン化の訪れと「読者」の消失

4 知識か「情報」か

5 オンライン化，特にオープンアクセスの可能性と学術書ライティング

印刷メディアとしての学術雑誌，学術書が，成果公開の一手段として他のメディアとの関係で相対化された，と序章で書きました。学術雑誌については，後に述べるように，早くから電子化（オンライン化）が国際的に進み，それが学術コミュニケーションのあり様に大きな問題を投げかけています。しかし学術書の場合，特に日本では，すでに刊行された本の電子化は多少進んでいるものの，新刊書については，いまだにほとんど印刷媒体として発行されています。つまり事実上，学術書のみが，伝統的な形を保ったまま学術世界で「生き残って」いるといえます。

生き残っているからには，そこにはなにがしかの意味があるはずですが，生き残りであるがゆえに，少なからず問題を抱えてもいます。本章では，学術的な成果の多くが電子化され，オンラインで発信／受容される時代の学術コミュニケーションのあり様から，今日の学術書の持つ意味と問題を考えてみたいと思います。そうすることで，学術書の書き方を，より本質的，根源的に議論できると思うからですが，同時にそれは，学術雑誌その他のメディアにおける成果発表のあり方についての示唆をも与えると信じます。なおここでいう「学術的な成果」という表現は，昨今しばしば使われる「学術情報」とほぼ同じ事柄です。ただ，本書では，「情報」の語は極力避けたいと思っており，その理由は後に述べます。また，本書でいう「学術コミュニケーション」とは，学術的な成果の発信と受容のサイクル，すなわち研究成果がなにがしかの媒体を通して公開され（図書館等のシステムによって系統的に開示・集積されることも含む），研究者に受容されることで新しい創造を生むというサイクルの全体および一部と理解していただいて結構です。

1 「プレ電子化時代」の学術メディアと読者

序章でも触れたように，学術コミュニケーションのあり方が大きく変わったのは，1980年代，普及しはじめたパーソナルコンピュータが，ネットワークを通じて世界規模で繋がり始めた時期と重なります。その後，1990年代になって大衆的な規模でインターネットが普及すると，変化は劇的になります。もちろん，後述するように，電子化時代の到来が変化の原因のすべてではなく，同じ時期に進んだ研究教育の制度と質の変化と相まって急速に変わっていったのですが，いずれにしても，「電子化時代」以降の現状を理解するには，「電子化時代」の少し前の時代，すなわち1970年代まで時間を遡る必要があります。

ここで「少し前」と限定するのには理由があって，学術コミュニケーションの歴史は遠く紀元前の時代にまで遡り，近代科学の成立以降だけ考えても400年以上の歴史があって，その間の変容あるいは成熟の様を本書のような性格の本の中で議論するには，全く紙幅が足りません。にもかかわらずあえて乱暴にいい切ってしまえば，近代的な印刷術が登場する以前の手書き写本の時代も含めて，大学という制度が誕生した中世以降ごく最近まで，「書物」は大学にとって絶対不可欠なものでした（ル・ゴフ，1977；箕輪，1983；長谷川，2003）。活版印刷の普及を背景にして17世紀末前後に学術雑誌が登場して以降，「書物」は書籍と学術雑誌に分岐し，その後も学術研究の量的，質的，あるいは制度的な拡大の中でさらに分岐は進んだものの，形あるものとしての書物が，つい最近まで，絶対的な存在として学術コミュニケーションの根幹に位置づけられていたことは間違いありません。ところが，20世紀の後半とりわけ1980年代になると，「形あるものとしての書物」以外のさまざまなメディアが，学術コミュニケーションを担うようになってきます。逆にいえば，1970年代とは，モノとしての書物，ここ400年ほどでいえば印刷媒体としての書物を核としたいわば伝統的な学術コミュニケーションの最も成熟した時代であるといって間違いないでしょう。まさに，筆者が直接体験した時代でもあります。

さて，1970年代当時，筆者が目にした学術コミュニケーションのメディアを，複製される部数と定期性に注目して整理したものが表1-1です。

複製とは印刷その他の手段で同一の内容がいくつも流通するというこ

表 1-1 1970年代＝プレ電子化時代の学術メディアを複製を鍵にして整理してみる

1 ほとんど複製されないもの
　メモや板書，私信による学術的な伝達
2 複製はされるが比較的少部数である，冊子類
　紀要，報告書，簡易的に印刷され市場には出ない冊子形式のモノグラフや論集
3 相当部数複製される定期刊行物
　査読付き学術雑誌（専門誌，総合誌）
4 相当部数複製される書籍
　研究書，学部生・大学院生向けの教科書

とですが，今のようにコピー機のなかった頃は（今は一般家庭にもコピー機がありますが，1970年代のコピー機は大変高価なもので，大学の学部単位で何台あるかという程度でした），事実上，工業的な印刷を経たものと同義であったといってよいでしょう。つまり，高価で手間もかかるため，何を複製（印刷）するかしないか，自ずと強い圧力がかかりました。また書籍の場合，序章で述べたように，市場規模そのものがその後の時代に比べれば低い水準で安定していて，市販される本のタイトル数自体が限られていたために，何を出版するかという点でも強い選択が働いていました。逆にいえば，アイテム数にしても部数にしても，それを決めるには，よくよく考えないといけない。ですから，「何のために」「誰に向けて」，つまり目的と読者に関する基本的なコンセプトを持つことが強く要求されたわけです。

ここで，目的と読者という目で，表に示した四つのカテゴリーを捉え直してみましょう。

表中の1はその場におけるごく限られた目的のために，ごく限られた対象に伝えるためのものといえます。内容は，限定した事柄についての解説や意見といったもので，普通体系性は持ちません。

2のカテゴリーは，これらのメディアを総称する英単語 proceeding に含意された，「進行」「続行」というニュアンスに示されるように，まとまった研究成果というよりは，研究活動全体の一部分を速報的・断片的に示すという目的や内容をもったものといえます。したがって，読者は

同じ研究関心，それもごく近い研究関心を持つ人々に限られます。しかも査読を必要としないため，時にはごく仮説的，部分的な内容になったり，読者のことは特に意識しない自分自身のメモに近いものになることもあるでしょう。紀要類を評して「誰も読まない」という，意地悪い，しかし広く聞かれる言説がありますが，それはこのメディアの持つ本来的な特性によるものだといってよいでしょう。

それに対して，3の学術雑誌の場合，速報性という点では2と同じ性格を持ちますが，研究成果としてはまとまった内容の作品が掲載されているもの，といってよいでしょう。査読を経ねばならず，そのためには，学術的なインパクトと同時に，説得性や信頼性を高めるための工夫が必要になりますから，自ずと可読性は向上します。ただし，学会誌などの専門誌と *Nature* や *Science* 等の総合誌で多少の違いはあるものの，対象となる読者のほとんどは著者に近い専門領域にいる研究者，学生ですから，内容を理解するための前提となる学問的トレーニング，基礎知識は共有されています。ですから，次に述べる書籍に比べれば，広範囲の読者に向けた可読性は必要ないといえます。

さて，問題は4の学術書です。何が問題かというと，我が国をはじめ多くの国や地域では，学術書は一般の書籍と同じく市中の書店店頭に並び，誰でも購入できます。図書館などでも同様で，専門領域ごとの棚の区分けはありますが，読者のトレーニングレベル（専門家か非専門家か）では区分けされないのが一般的です。そのため書籍の場合，そもそも媒体の性格として，読者が誰か，自明のこととしては限定できないのです。実際，必要な本を探しに書店を訪れた時，自らの専門とは全く違うけれども，タイトルや帯の宣伝文に惹かれて別の本も買い，それが思いがけない出会いとなってその後の研究に影響を受けた，という体験を持つ人は少なくないでしょう。書店の店頭だけでなく，新聞や雑誌の書評欄を通じて専門外の本に出会うことも多いでしょう。書かれた内容が，専門の垣根を越境して広がる可能性が，他の三つの学術メディアに比べて圧倒的に大きいというのが，学術書の特性なのです。

2　学術書と教養主義，あるいはリベラル・アーツ

話を80年代以降のオンライン化の時代に移す前に，この学術書の越境可能性という事柄について，もう少し考えてみましょう。というのも，「学術書にとっての読者」の問題は，第3章で詳しく論じるように，本書の根幹に関わるテーマだからです。

読者と内容による学術メディアの4区分（表1-1）は，1970年代までは安定したものでした。その理由の一つは，前述したように，学術媒体には基本的に印刷メディアしかなかったからで，簡単には複製ができないために，複製（印刷）部数による区分がそのままメディアを性格づけてしまったからです。これを仮に技術的理由と呼ぶとすれば，もう一つ，社会文化的理由とでもいうべきものがありました。それが教養主義と呼ばれるものです。教養主義とは，一言でいうと竹内洋氏が端的に表現しているように，「読書を通じて得た知識で人格を磨いたり社会を改善していこうとする人生観」のことです（竹内，2003）。

欧米圏には，古くから（そしてある程度は今でも），学問研究の場，あるいは高等教育を受けた人々の社会階層の間で，「リベラル・アーツを重視する」という伝統があります。高等教育においては誰もが身につけるべき基礎的な知識があり，もともとは，文法学，修辞学，論理学，算術，幾何学，天文学，音楽の7科とされていました。これが元来のリベラル・アーツと呼ばれるもので，学術研究の発展と分化によって内容の範囲は広がりましたが，いずれにしても，大学の学士課程を通じて，幅広い学問領域に関わる基礎分野の知識と，それらを理解するセンス（知的関心と基礎的な方法論）を身につけることが大変重視されます。

そうした欧米圏の伝統に影響されながら，明治期以降の日本では，知識，なかでも古典的知識を身につけることが，学問研究の営みのためだけでなく，社会的なリーダーとしての人格形成の上で重要であるという考え方が広がりました。有名な福澤諭吉の『学問のすゝめ』は，国家的な規模での教養主義の普及書といえますし，新渡戸稲造，夏目漱石，和

辻哲郎，倉田百三，阿部次郎といった人々が，多くの著作を通じて，教養を身につけることの意義を唱えました。それが特に大正時代の旧制高等学校で育まれ，その影響は戦後の新制大学にも及んで，まさに1970年の前後まで大学生の規範文化となっていました（竹内，2003）。竹内氏は，この規範が農民的な勤勉精神によって支えられていた，と指摘しています。農村と都市のある種の格差を背景にした文化的生活への憧れが，教養，すなわち本を通じて知識を身につけ，そうしたことで人格を陶冶する動機となったということですが，1970年代までは，全国的な都市化が進み都市と農村の文化格差が縮小しつつあったとはいえ，文化的生活への憧れというより，大学生たるもの教養を身につけねばという一種の規範は，確かに存在していました。

筆者はここで（日本的な）教養主義の是非を論じるつもりはないのですが，リベラル・アーツを学ぶことで広く基礎科学の知識を身につけることが，研究者のみならず社会人，特にリーダーとしての役割を担う人々にとって必要であることは確認しておいてよいと思っています。カリフォルニア大学バークレー校のリチャードA. ミュラー教授は「将来，リーダーになる人のための物理学」（“Physics for Future Presidents”）をキーワードに名講義をおこなっていて，この内容の一部は出版もされています。法学や政治学，経済学といった自らの専門だけを学んでいては将来のリーダーとなり得ない。基礎科学への幅広い見識があってこそ，学界，官界，産業界といった進路にかかわらず，専門家，リーダーとして現代社会のさまざまな問題に対処できる，というミュラー氏のメッセージは，アメリカ社会だけに必要なものではないでしょう。ではそうした幅広い素養をどうやって身につけるのか。そこで，「手当たり次第に本を読む」という教養主義の時代の読書スタイルが関係してきます。先に述べたように，もともと本は，専門や狭い関心の垣根を越境して広がるメディアであり，少なくとも1970年代頃までは，専門の研究書といえども，そうした知の越境を意識して書かれたものが多かったのです。

総じて1970年代まで，それぞれの学術メディアは，それが複製される数，すなわち対象読者の数と広がりに応じて，それぞれに役割を分担していた。その中で本は，知を越境させる役割を演じる，いわば主役の座にあった。いい換えると，本を書くということは，対象とする読者の範囲をとりわけ強く意識した，特別の工夫が要る営みだったのです。

3 電子化・オンライン化の訪れと「読者」の消失

ところが，1980年代に入って，こうした状況は大きく変わります。その原因は複合的で，最も広汎な背景には，竹内氏が指摘するとおり，都市と農村の文化格差が消失し，また高等教育への進学率が大幅に増えたことで，学生がエリートでなくなり，それとともに「教養を身につけること」の人格的な意味が失われたという，社会的な変化があるでしょう。しかし，ここではより技術的な要因に注目してみたいと思います。

世界初のパーソナルコンピュータが登場したのは1974年といわれますが，筆者の実感では，「パーソナルコンピュータ」の語が一般に普及したのは1980年代に入ってからのことです。当初は大変高価なものでしたが，1980年代半ばApple社のマッキントッシュ（Macintosh）の登場を契機に，研究・教育の現場にパーソナルコンピュータが爆発的に普及していきます。

それによってまず起こったのは，文字や図表といった，それまで最初はたいてい手書きされていた学術的な事柄が，はじめから，電子的なデータによって記録されるということでした。この変化は革命的で，それによって，加工や保存，特に複製が非常に容易になったことは，学術コミュニケーションのあり方を劇的に変えていきます。なにしろ，費用や手間を別にすれば，自分の部屋の中で，自分が書いた事柄をいくらでも複製できるわけですから，そもそも何を印刷に回すのか，選択する悩みがずっと軽くなりました。そしてさらに数年が経つと，最初は限られた組織，研究機関どうしでやり取りされていた電子的なデータが，あっという間に世界的，大衆的に拡大し，紙への複写を経ずとも学術的な事柄をほとんど瞬時に多くの人々に伝えることができるようになったのです。

「大変便利になる」と多くの人々が感じたのは当然ですし，正直，筆者もそうでした。ところが，ここには大きな落とし穴があったのです。2008年7月，*Science*誌に大変興味深い論文が掲載されました。タイトルは「電子出版と科学および学問の狭隘化」(Electronic Publication and the Narrowing of Science and Scholarship)。すなわち電子出版，この場合は，学術雑誌のオンライン化が，学術研究を狭くしているというのです。著者のジェームズA. エヴァンズは，学術論文データベースを使って1945年から2005年までの3400万本の論文を調べ，それぞれ引用の相関を計量的に調査しました。そこで分かったのは，多くの学術雑誌がオンライン化されて以降，論文中に引用される他の論文の発表年はしだいに新しいものだけになっていき，また，限られた論文のみが引用されるようになってきた，ということだったのです(Evans, 2008)。

一方，かつて表1-1の2のカテゴリーに分類され，ごく少部数がやりとりされていた論文類は，オープンアクセスの潮流に乗って，インターネット上に無料で公開されるようになりました。こうしたオープンアクセスがどれほどの効果を発揮するのか測るため，学術書を対象にしたものではありますが，京都大学学術出版会と京都大学附属図書館は，2007年から一つの実験を行っています(鈴木，2008)。出版会から刊行され品切れないしそれに近くなった学術書のうち著作者の許諾が得られたものを，PDFの形式で学術情報リポジトリを通じて無料公開するという取り組みで，その結果の一部を示したのが表1-2です(京都大学附属図書館のご厚意による)。どの書目も，印刷された部数は，それぞれの分野の初版としては概ね平均的といえますが，それでも1000部前後，多くても2000部までです。しかし，オンラインで無償公開された途端に，書目によってはその何倍，何十倍を超えたアクセスを誇るようになる(とりわけ，自然科学系や英語の書籍では，そうした傾向が顕著)。もちろん，これらの本は，いずれも完売(ないしそれに近い)状態であったことが示すように，もともと評価が高く，それが無償で読めるとなれば当然といえば当然です。が，それにしても，学術成果がオープンアクセスされた場合の効果は絶大であることが分かるでしょう。

表 1-2 京都大学学術情報リポジトリ（KURENAI）で公開された京都大学学術出版会の書籍へのアクセス数

タイトル	著者等	論文へのアクセス数
Local economy and entrepreneurship in Thailand: a case study of Nakhon Ratchasima	上田曜子	48,338
「会社人間」の研究：組織コミットメントの理論と実際	田尾雅夫	11,816
Gas Transfer at Water Surfaces 2010	J. Huntほか	8,157
気象と大気のレーダーリモートセンシング	深尾昌一郎 浜津享助	2,702
霊長類生態学：環境と行動のダイナミズム	杉山幸丸ほか	2,573
日本庭園の植栽史	飛田範夫	1,013
ハイデッガー研究：死と言葉の思索	小野真	821
日本語指示体系の歴史	李長波	731
類型学序説：ロシア・ソヴエト言語研究の貢献	山口巌	655
歴史としての生命：自己・非自己循環理論の構築	村瀬雅俊	603
近代ドイツの農村社会と農業労働者：〈土着〉と〈他所者〉のあいだ	足立芳宏	418
Ecological destruction health and development: advancing Asian paradigms	古川久雄ほか	416

・2014年3月5日に各文献のメタデータ画面のURLで確認
・アクセス数は公開時から現在までのもの
・「Local economy and entrepreneurship in Thailand:a case study of Nakhon Ratchasima」のアクセスは2010年6月に集中（4〜5月の反政府デモの関係？）

表1-1の分類でいえば3にあたる，学問的な影響力（インパクト）の高い，それだけに相当部数が複製されていた定期刊行物の論文が読者を狭めたかのように見える一方，少人数の目に触れるだけであった2の分類の学術成果が多くの注目を集めるという，この一種の逆転現象をどう評価すべきか。是非は論者の立場によって異なると思いますので，ここでは詳しく立ち入ることは措きましょう。しかし，1970年代までの学術コミュニケーションが大きく変わったことは明らかであり，その結果，「読者の消失」を招いたのではないか。筆者は，このように考えているのです。

もちろん，ここでいう「読者の消失」とは，「読み手の数が減った」ということではありません。発信者の側（メディアの側，著者の側といい換えても同義）から見て，読者が見えなくなった，あるいはむしろ，発信者の側が読者を意識しなくなった，といった方がよいかもしれません。印刷メディアしかなかった時代には，先述したように，何部印刷するかという極めて分かりやすい物質的な要件を通じて，誰を読者にして何を伝えるか，ということを意識せざるを得なかった。ところが電子化・オンライン化の時代には，複製する数を問題にする必要がない，つまり，読者を規定する物質的要因が消失してしまったために，読者を問題にするという強い意識が働きにくくなってしまった。極端にいえば，学術的な内容を発信する側が，それを受容する人々を意識しないですむようになってきているのではないでしょうか。

そこで問題になるのが，このように，読者を意識しにくくなった時代にあっても，旧来の学術メディアのカテゴリー，すなわち表1–1の四つのカテゴリーはそのまま残っていて，しかも多様化しているということです。査読付き学術雑誌がオンライン化され，その読者（あるいは読み方）が変わってきているにもかかわらず，学術雑誌は，学術コミュニケーションの中で，依然として旧来の機能を期待されている。またごく近年では，電子化された学術書も珍しくなくなり，自ずとその読者／読み方のあり様は変わってきているはずなのだけれども，学術書もやはり，以前と同じ役割を期待されている。もちろん，読者／読み方の変化それ自体を無批判に正しいとすることは間違っていますが，少なくとも変化に応じたメディアのあり方は吟味されるべきでしょう。

4 知識か「情報」か

先に，本書ではあえて「学術情報」という語を使わない，と述べました。実は筆者は，ここで指摘した「読者」に無自覚な状況が学術コミュニケーションの世界に広がったもう一つの要因が，この語にあるのではないか，と疑っているのです。

何らかの形で記された学術成果，あるいは，未発表のものを含めて広く学術的な内容を持った事柄が，いつ頃から総じて「学術情報」と呼ばれるようになったのか，筆者には確かな根拠を持っていう材料がありません。しかし，1965年には文部省（当時）の学術局に情報図書館課が設けられ，1972年には，同課から「学術情報」に関する調査報告書が出されています（文部省学術局情報図書館課，1972）。そして，「学術情報」という言葉が研究の現場に急速に広がる大きなきっかけとなったのは，1979年，図書館情報大学（現在の筑波大学図書館情報専門学群）が設立されたことではないでしょうか。「「長い伝統をもつ図書館学と，新しい学問分野である情報科学とを融合した図書館情報学という新たな学問領域を確立・発展させ，これに関する教育・研究指導を通して，社会に有為な専門職業人，研究者の養成を行うこと」を目的とする新構想の4年制大学設立の機運」の高まりの中で開学した（北原，2004），といわれるように，同大学は，いわゆる情報化社会の黎明期にあって，学術成果の集積・保存・公開と利用の援助という大きな役割を果たしてきた図書館の機能に，高度な情報技術を導入していこう，という潮流の本格的な幕開けであったということができるでしょう。

長谷川一氏らが述べるように，学術成果を情報と捉える考え方が急速に普及した背景には，以前から自然科学における学術コミュニケーションが学術雑誌主体になっていたことがあるのは，いうまでもありません（長谷川，2003）。前述したように，学術書に比べて，速報性，あるいは内容の独立性を特徴とするジャーナルで発表される論文は，もともと一つ一つ切り分けて考えやすい性質を持っていますが，自然科学の場合，論文の誌面には結果としてしか示されない膨大な実験・観測のデータが，信頼性や再現性の担保として，あるいは広く利用されるための資料として集積されます。したがって，そうした基礎データも含めて，保存・集積し利用する上では，情報処理・管理の手法が不可欠です。そのため，学術成果を「情報」として扱う考え方や手法が急速に広がるのは当然だったといえます。

しかし問題は，こうした考え方が，一つの体系として歴史の中で組み上げられてきた「知識」を，単に個別に切り分けられたものとして見なしてしまうような雰囲気を醸し出したことではないか。元日本物理学会会長の佐藤文隆氏（京都大学名誉教授）は，そのように指摘します。「知識の習得」という言葉があるように，知識とは，身体性とも結びついた，研究者が身につけるべき事柄というニュアンスを持ちますが，情報の方は，「情報を受け取る」「情報を渡す」というように，必要に応じて持ち歩き，必要がなければ置いていけるようなニュアンスを持ちます。必要に応じて参照すればよい，一種相対的な事柄といってもよいでしょう（佐藤文隆氏の示唆による）。

知識か情報かという問題は，学問のあり方にも影響を与えます。日本文学研究者の濱田啓介氏（京都大学名誉教授）は，文学を論じる場合の基本的な営みを「俯瞰し凝視する」という言葉でしばしば語っています。たとえば一人の作家を論じる場合，その作家の一作品を議論しているだけでは，作家を論じたことにはならないでしょう。その作家の全作品群，同時代の作家と作品群，そしてその前後の時代……というように，大きく俯瞰した上で，目的とする作家や作品に焦点を当てて論じる必要がある。しかし，個々の文学作品（やその内容の部分部分）を単に「情報」として扱ってしまうと，俯瞰してこそ見えてくる連関が見失われがちだ，と濱田氏は強く警告しています（濱田啓介氏，私信）。

もちろん，情報として操作可能な形で切り分けてこそ，初めて見えてくるものもあるに違いありませんが（楊・小松・荒木，2013），知識を情報に置き換えて扱うことがもたらす社会的な雰囲気は，よくいわれる「活字離れ」などよりも，今日の知的状況を考える上でもっと深刻な問題なのではないか。そのように筆者は考えています。

5 オンライン化，特にオープンアクセスの可能性と学術書ライティング

次章2節でも述べるように，学術コミュニケーションの電子化は，写

本や印刷メディアつまり「もの」によって育まれたヒトという生物の知の伝達のあり方にまだ馴染んではいない，逆にいえば，ヒトは電子化された知を完全に身体化できていない，と筆者は考えています。また本章で述べたように，オンライン化が学問の狭隘化を招いているというのも事実です。しかし未来永劫そうであるとは思いませんし，電子化，オンライン化は，印刷メディアのみが支配していた学術コミュニケーションには果たせなかった，人類史的意義があるとも思っています。中でも，いわゆるオープンアクセスの取り組みは，学術コミュニケーションの新しい形を拓くものとして（鈴木，2008），また「知の民主主義」という観点からいっても，大きな可能性を持っていると筆者は考えています。

平成24年度の『科学技術白書』に示されたように，東日本大震災とそれに伴う原子力発電所の事故以降，市民の科学者に対する信頼感は大きく低下しました（文部科学省，2012）。さまざまな言説がありますが，共通するのは，科学技術の持つリスクについて科学界が語ろうとせず，データも公開してこなかったことへの不満でしょう。人文・社会科学の場合も含めて，総じて，市民にとって大学や研究機関での研究内容を知る手段がほとんどなく，その意味を評価できないでいるという現状認識が，震災と原発事故を契機に顕在化した，と筆者は考えています。もちろん，全ての学術成果が公開されるべきなのかといえば，たとえば社会学や歴史学，医学や心理学等における研究対象とプライバシーという論点一つ取っても簡単ではなく，筆者も全てを公開するという乱暴な議論には賛成しません。しかし，学術研究を支える社会の側が，その成果を適切に享受できないでいる現状は問題ですし，その点で，インターネットを通じて誰もが学術成果にアクセスして利用できるオープンアクセスという仕組みには魅力があります。

ただ，何の相互批判も検証もされていない信頼性の低い速報やメモ等がそのまま出回ってしまえば，専門的なトレーニングを受けていない人々の間で誤解されて，あるいは恣意的に利用されるという危険性も大いにあります。なにより，全く整理されない「情報の山」から意味ある事柄を選び出すのは，市民にとって至難の業です。したがって，単に学術成果をインターネット上に置いておく（reposit）だけでは，意味がありません。そうした「情報」に，なにがしかの関連性や体系性，意味づけを与えておく必要があります。

このことに関わって，英国リンカーン大学の講師でOpen Library of Humanitiesの設立者の一人であるマーティン・イブ氏の実践は，大変興味深いものです。氏の専門は現代米国の小説家トマス・ピンチョンの研究ですが，Open Libraryに日々集積される論文類の中からピンチョンに関する論文や資料を選択編集して，いわゆる「ニッチジャーナル」を発行しているのです（Eve, 2013）。トマス・ピンチョンの小説は，現代科学の用語や概念を多用した混沌とした筋書きで，その独特の難解さから，誰もが楽しめる大衆小説ではありません。しかし，日本も含め世界中に根強いファンがいて，そうしたファンにとっては，「ピンチョンに関するものだったらどんな情報でも欲しい」というのが共通の思いでしょう（ちなみに，ピンチョンは公の場に姿を見せないことでも有名で，顔写真も学生時代と軍隊時代のものが2点のみ発見されているだけだそうです）。イブ氏はニッチジャーナルと表現しますが，そうした人々にとっては，どんな権威あるメガジャーナルにも劣らない，重要な刊行物といえるでしょう。

氏は自身の実践を「編集者としてのキュレーション（収集した情報を分類し整理統合して新しい価値を持たせて共有する）機能」と呼んでいますが，それは「学術書を誰に向けてどう書くか」という本書の問いと，まさしく実践的に重なります。具体的には本書第II部，特に第3章で考えてみたいと思いますが，その話に移る前に，そもそも学術書には何を書くのか —— すでに考えてきたように，この問いは，本だけでない学術コミュニケーション全般にいえる —— ということについて，次章で考えてみたいと思います。

第2章 知の越境と身体化
──学術書の今日的役割と要件

1 越境する知 ──新しいパラダイムを志向する研究の活性化

2 体系的な知の習得は必要ないか
──学，識，技の習得のために

3 実利としての教養──「読書人」恐るべし

4 学術書で何を書くか──学術メディアの仕分けと要件

5 教科書・教材の未来と本

電子化，オンライン化によって，学術メディアの「読者」が見えにくくなる。同時に知識が「情報」に置き換えられることで，必要に応じて持ち歩きすればよいもののようになっていく。こうした中で，学術書が相対化されていった ――。しかし，相対化されるということは，役割を失うということではありません。実際，学術成果を本にしたいという出版の希望は，ほとんど毎日のように寄せられます。件数だけからいえば，減るどころか年々増えていて，序章に述べたように，学術書を刊行したいという需要はますます増大しているという実感があります。

もちろん，これも前述したように，背景には研究の（特に研究教育機関の）競争状況があり，競争の道具として本の公刊が期待されているという現実があるわけですが，単に「ポストや研究費のために本が求められている」と皮相に断じることは避けねばなりません。筆者らのもとに寄せられる企画や原稿は，モノグラフ（単著），論集，あるいは翻訳，研究書から教科書，教養書まで多種多様ですが，丁寧に話を伺い原稿に目を通すと，やはり，それぞれに本として刊行すべき意義を持っているものが少なくありません。特に，優秀な若手研究者のモノグラフや，いくつかの方法論を組み合わせて，これまで論じられてこなかった視角で学問上の問題群を解こうという，対話的，共同的な論集にそのようなものが多いように感じます。以下，本書では具体的な事例をいくつか挙げながら実践的に考えていきますが，序章でお断りしたように，取り上げる事例の多くは，筆者二人が実際にお手伝いした出版事例です。そうした事例以外にも，読者の皆さんが「面白い」と思われた本には，多かれ少なかれ同じような特徴があると思います。そうした比較をしながら学術書を読むのも，効果的な成果公開に役立つでしょう。

1　越境する知――新しいパラダイムを志向する研究の活性化

若手研究者のモノグラフの活性化は，いうまでもなくいわゆる大学院重点化政策によって研究者数が増大したこと，また対話的，共同的な論集の急増は，文部科学省のCOE（研究拠点形成）プログラムなどの制度等にもとづく共同研究が増えたことを背景にしていますが，こうした研究上の二つの傾向は，しばしばネガティブにも語られます。曰く，「博士号取得者の大量失業」「大型研究は，所詮，個別領域の研究の寄せ集めで，新しいものは生み出さない」等々。もちろん，そうした側面があるのは事実ですし，特に，正規の教職，研究職が得られず非常に苦しい生活を強いられる若手研究者が少なくないことは，大変に心痛むことです。しかし，大学院重点化によって多くの人材を学界に迎えたことで，既存の研究には見られなかった溌剌とした視点や方法が，若い研究者によってもたらされているのも事実です。京都大学の場合でいうと，次のような興味深い傾向が確かにあります。

まず複数言語を自在に使いこなす研究者が多くなったこと，またかつては，京都大学の学部で学び，同じく大学院も京大という例が多かったのが，学部は他大学で，あるいは大学院は他大学に進学する（または外国で長期に学ぶ）ことで，単一の研究伝統の中だけでは学べない，複数の視角や方法論を身につけている人が少なくないことが特徴としてあげられます。こうしたことを背景に，認識論でも方法論でもこれまでの枠組みを超えた，手堅くかつ挑戦的な議論に出会うことが多くなりました。たとえば，漢語，ペルシャ語，アラビア語の文書を自在に読みこなして比較検討することで，中華世界の中に包摂されたイスラーム社会のあり様を重層的に描き，中国とイスラーム世界が互いに「資源化」しあう今日の状況を理解することにも繋がる歴史研究（中西，2013），また，従来説明の難しかったフランス語・英語の定冠詞の用法理解に，「認知の場」という心理学的な枠組みを持ち込んで，見事にそれらを説明した研究（小田，2012），あるいは，文字通り絶海の孤島に残された危機言語を記述言語学的に記録することで，特殊な音韻と社会構造の関係を明らかにした研究（内藤，2011）などです。筆者は，こうした新しいパラダイムを志向する作品を，便宜上「パラダイム志向的な研究」と呼んでいますが，文字通り，新しい方法論でこれまでの研究枠組みを超えようとする営みといえましょう。

モノグラフばかりでなく，複数の領域の研究者による共同作業の中にも，注目すべきものが多くあります。もともと，いわゆる学際的研究は，既存のパラダイムを乗り越える志向を持つものといえますが，実際のところは，それぞれのディシプリン（専門領域）の寄せ集めに終わることも少なくありません。というのも，研究対象に迫る複数のアプローチがある場合，得てして自分の専門外は他人に「丸投げ」しがちで，そうなると，結局仕上がってきた研究報告書は，「それぞれが好きなことをやった」ものの集合体になってしまうからです。そうではなくて，自分も専門外の仕事に参画してみる，あるいは，それぞれの方法で得られた知見について，緻密な意見交換をして，複数の知見を統合したメタ理解をめざす，など，いわば「互いの研究を対話させる」努力をすることで，これまでの通説を大きく乗り越えることができるようになる。2，3例を挙げれば，文化人類学，生態人類学，霊長類学の最前線の知見を対話的に重ね合わせながら，集団の形成や制度の誕生といった人類社会の根本的な問題に，進化の視点で迫ろうとする取り組み（河合，2009；2013），あるいは，以前は文献学や考古学といった人文科学的な研究の中で議論されていた古代文明研究に，生態学，地球科学といった自然科学的手法を駆使した知見を加えることで，それまで「大河文明」や「二大首都」として語られてきたインダス文明が，実は小都市のネットワークであることを明らかにした研究（長田，2013）などです。

こうした研究成果は，文字通り領域を超えるものであるがゆえに，学術雑誌などのメディアでは，総合的・体系的に表現することができません。第1章で紹介した *Science* 誌の論文（Electronic Publication and the Narrowing of Science and Scholarship）は，末尾でこんな趣旨の指摘をしています。紙の本で文献探索をするのは便利ではないけれども，頁をめくりながら予期せぬ文献に出合って異領域や先人の論文に触れ，そこから新しい展望が開けていくこともある。しかし，学術情報流通のオンライン化が進んだ現代の学術論争は，より効率的で集中的にはなるけれども，狭い専門の範囲でしかなされない。

「パラダイム志向的な研究」がまさしくパラダイムを変える力を果た

すには，「本」が不可欠なのだということを暗に示しているといってよいでしょう。

2 体系的な知の習得は必要ないか
――学，識，技の習得のために

大学院重点化が研究現場に新しい活性を生んでいると書きましたが，もちろん，手放しに賞賛することはできません。博士号取得者の就職問題と並んで深刻になっているのが，大学院生を教育するのが難しくなってきた，という問題です。学部卒業と大学院進学が概ね同一の大学内で連続していた頃は，大学院では，全員が同じ基礎トレーニングを受けていることを前提に教育することができました。ところが，初等・中等教育の場合とは違い，大学（大学院）ごとに研究伝統が違う高等教育の世界では，他大学の学部を卒業した場合，進学した大学院の研究伝統を身につけるのに必要な基礎トレーニングがなされていないことも，少なくありません。たとえば，京都大学における化学研究は，量子論等の物理学的な研究と融合して進んできたという特徴があります。それは理学部の化学専攻だけでなく工学部の工業化学専攻でも同様で，福井謙一や野依良治といった京都大学出身のノーベル化学賞受賞者の業績も，そうしたミクロな物質世界への理解と切り離すことはできません。ところが，日本全国の大学を見渡した場合，学部レベルで量子化学をしっかりと学べるところは，必ずしも多くありません。その結果，京大の化学系大学院に進学したのはよいが，研究内容が理解できずに苦しむ大学院生が生じるという現実がある，といった話も聞かれます。

20世紀に入って極めて多様に専門分化した化学領域などは最も端的な例ですが，こうした「狭義の専門以外の事柄を学んでいない」ことによる教育上の困難は，今，大学院において広く見られます。さらにいえば，以上のような「狭隘化」の問題は，学部―大学院の接続だけでなく，高校から学部へ，あるいは大学（大学院）から実業界へという，進学・

進路のあらゆる場で共通しているように思えます。大学院重点化等の制度的問題に加え，前章で指摘したように，必要な「情報」を必要なときに逐次的に参照すればよいという風潮が教育の場に広がったこと，あるいは「専門外の専門を学ぶ」重要性すなわち「教養」あるいはリベラル・アーツ重視の作法が失われたことが，こうした深刻な社会的状況を招いたのではないか，と筆者は考えているのです。

必要な「情報」をその都度参照することでは身につかない，学と識，場合によっては技の習得を高等教育の現場においてどう保証するのか。この点に関わって，面白い研究があります。アメリカの学生の間では，学ぶ際にノートに手書きしてメモを取るよりも，いわゆるノートパソコンの類を使ってメモすることが急速に一般化しているけれども，後者の場合，学習内容が身につく割合は前者に比べて明らかに低いという，心理学の実験です（Mueller and Oppenheimer, 2014）。筆者も，内容と目的によっては，電子的なメディアが教育・研究に大いに役立つと思っています。しかし，「情報」でなく知識として，学んだ事柄を身体化するということを考えるとき，「ペンはキーボードより強し」という主張は，その通りだと思います。電子的なメディアやツールは，少なくとも今のところ，ヒトという動物が学んだ事柄を血肉にしていくには，まだ十分な道具とはいえないのではないでしょうか。その点，知を身体化する上で，従来型の紙の「本」を使った教育は，もちろん書き込みを旺盛にすることも含めて，大きな意味があるといって間違いないでしょう。

前節では「パラダイム志向的な研究」の現場における本の役割を強調しましたが，学術研究が専門化，細分化している今だからこそ，教育の場において体系的な知の習得が必要なこと，そこでもやはり「本」が大きな役割を果たすことは，ここまでの議論でご理解いただけるでしょう。

3 実利としての教養——「読書人」恐るべし

本（学術書）が必要であるということは，研究教育という，狭い世界の事情ばかりではありません。教育学者の齋藤孝氏は，大学出版部協会が開催した市民向けシンポジウム（2013年7月）の中で，古典を知っていることはグローバル社会において武器になる，と指摘しています。国際的な交渉の場において，古典を知っているということは，相手の信頼と尊敬を得ることに繋がるというのです。大学においてリベラル・アーツを重視する欧米のリーダーたちと相対するとき，「教養のなさ」は，大きな弱点になってしまうということでしょう（齋藤，2013）。

今の社会において，専門外の専門への関心が失われている，と何度も述べましたが，もちろん，すべての日本人において，という意味ではありません。筆者の経験から自信を持っていえることですが，古代ギリシア・ローマ世界の事柄，一言でいえば，西洋の古典時代における哲学，歴史記述，文学への関心は，現代日本にあっても相当に高いというのが，その一例です。

京都大学学術出版会では，1997年以来，古代ギリシア，ローマ時代に書かれた哲学，文学，歴史記述などの膨大な作品群を，原典の古代ギリシア語，ラテン語から翻訳刊行するという事業を続けています。『西洋古典叢書』というシリーズですでに100巻を超える作品を刊行しましたが，刊行を始めた当初（今でもあるかもしれませんが），「いつ止めるのか？」と出版業界で囁かれた声とは裏腹に，1巻あたりの販売部数は多いものでは5000，少ないものでも千数百部を売り上げています。しかも興味深いのは，そうした読者のほとんどは，専門の古典研究者ではないということです。具体的にいえば，上場企業のリーダー，退職した教師，理系研究者，音楽家，農家，そうした方々からたくさんの読者カードが寄せられているのです。ここに，現代日本のもう一つの知の状況を垣間見ることができます。

もともと欧米の学術書には，自然科学系のものであっても古典からの引用がしばしば見られます。*Science* 誌や *Nature* 誌といった学術誌でさえ，総説部分の記事には古典を題材にしたエピグラフが見られます。欧米のリベラル・アーツの伝統が生きているということでしょうが，日本だって捨てたものではありません。中学や高校では東洋の古典世界についてそれなりに時間を割いて学びますし，プラトンやアリストテレス，アルキメデスといった人々の言説や業績は，知的関心の高い若者ならば，生活のさまざまな場所で触れることができます。問題は，大学入学以降，そうした古典世界の事柄が，哲学や歴史学，文学といった専門領域の，その中でもごく限られた専門家が扱う特殊な事柄として，閉じ込められてしまっていることです。その点では筆者ら出版に携わる者も罪の一端を負っていて，「出版」(publication) とは，知を広く公開することであるはずなのに，実際のところ，そうした古典世界の事柄を「専門書」というカテゴリーの中に押し込んできました。古典世界に関心はあるのだけれども，まとまった，質の良い翻訳がない。こうした状況に不満を持っている人々が，実は大勢いるのではないでしょうか。

さらに，学術成果の生産性とその流通速度が日々加速している中で，明日には今日の成果が書き替えられるかもしれない，いわば「知のフロー化」と呼ぶべき現象の中で，「何が正しいのか」という根本的な問いが曖昧になっているのも事実でしょう。これ自体は避けがたいことかもしれませんが，だからこそ，「では本物は何なのか？」といった渇望が生じるのも当然です。その点，西洋古典の世界は，2000 年の長きにわたって，戦乱や災害，宗教動乱といったものに耐えて生きてきたテキストに満ちています。『西洋古典叢書』の読者は，まさしくそうした「本物」を望んでいるのだと思います。ちなみに，『西洋古典叢書』の取り組みの中から生まれた『西洋古典学事典』(松原國師著) も，大部で高価であるにもかかわらず多くの読者を獲得しましたが，インターネット上のブログや掲示板で交わされるその評価を見ると，「古代の男色について調べている」とか「古代英雄の系図マニアです」といった，多彩な事柄に関心を持ち，より深く知りたいという欲求を持った読者が，驚くほど多いことが分かります。「読書人，恐るべし」というのが，そうしたレビューを見たときの筆者の率直な感想ですが，西洋古典に限らず，「学術書」と呼ばれるものが，広く社会に待ち望まれているのは，事実なのです。

こうした現実は，第1章で指摘したような，学術研究の世界での知的関心の狭域化と奇妙な対照を見せています。少し意地悪くいえば，学術世界の方が，知的な状況から遠ざかっているようにも見えるのですが，その意味でも，今の学術コミュニケーションは健全でないといえるかと思います。

4 学術書で何を書くか――学術メディアの仕分けと要件

さて，「パラダイム志向的な研究」の増加，高等教育の様変わり，社会的な知的関心は決して低くないという事実，という三つの側面で，今日でも「学術書」が大きな役割を果たしていることを見てきました。しかし，前章で述べたように，学術成果の電子化・オンライン化の潮流の中で，「本」が学術メディアの中で相対化されているのも事実です。となれば，どんな研究成果を学術書とするのか，学術書が役割を果たすにはどんな要件が必要か，問わねばなりません。

これまで何度も述べたように，学術メディアとしての本に最も特徴的な性格は，越境性です。したがって，「パラダイム志向的な研究」の発表には最適ですが，読者が複数の領域にまたがるがゆえに，必然的に，研究内容のある部分に関しては「専門家ではない人々」に，内容を伝えねばなりません。そのためには，内容を理解する上で必要な基礎的事項に関して，十分丁寧に説明を加える必要があります。したがって，ある程度のボリュームになることは否めません。出版関係者の一部には本が厚くなることを嫌う傾向がありますが，それは間違いです。もちろんいたずらにボリュームを大きくすることは避けねばなりませんが，研究の核となる内容と，それを理解するために必要な解説がバランスよく配されれば，好評を博することができるでしょう。逆にいえば，研究内容の核となる部分だけ書き連ねたものは，いくら越境の可能性があっても本にはしにくいのです。

これと密接に関わりますが，領域を越えるために丁寧に解説することを突き詰めると，ある領域についての，体系的・包括的なレビューとなります。欧米には *Ecology*（『生態学』），*Gravitation*（『重力』）など，シンプルに領域名をそのままタイトルにした分厚い（時に1000頁を超える）包括的な概説書が数多くあります。こうした本は，「一生もの」とでも呼ぶべきもので，学部，大学院生から一流の研究者に至るまで，その領域に何らかの形で関わる人々が，生涯参照すべき「自習書」として重宝されています。残念ながら日本では，「重厚長大」な本が市場で嫌われる傾向があり，また少なからぬ出版人が「厚くて高い本は誰も買わない」と信じているためか，こうした本は少ないのが実情です。しかし，たとえばM. ベゴン（Begon）らの *Ecology: Individuals, Populations and Communities*（『生態学 ―― 個体・個体群・群集の科学』）という本を翻訳出版したところ，B5判で1304頁，12000円という大著にもかかわらず，5000部を超えて販売できたという経験があります。もちろん，本書はもともと世界的に定評のあるもので，すべてがそのように成功するとは限りませんが，そうした体系的・包括的なレビューが求められているというのは間違いないでしょう。

もちろん，こうした大部なものばかりが求められているわけではありません。「専門外の事柄を知りたい，学びたい」という知的欲求に答える簡便な入門書は，あまり大部ですと，初学者や専門外の人々には敬遠されてしまうでしょう。新書や選書といわれる書籍群は，長くそうしたイントロダクションの役割を果たしてきましたし，いまでもオックスフォード大学出版局のVery Short Introduction（VSI）のような世界的に評価の高いシリーズがあります。ただ，日本の新書や選書の場合，VSIと比べて，ずっと，というより，過剰に「易しく」書かれすぎている，という気もします。この「易しい」「分かりやすい」というのは，実は，本作りの中で大変危険な言葉です。というのも，この言葉は「誰にとって」という，先に述べた読者の問題を，実は曖昧にしてしまうからです。今日では，かなり専門性の高い事柄を，視覚的表現を駆使しながら解説する良質なテレビ番組も少なくありません。そこで，多くの研究者にとって「易しい」「分かりやすい」というと，そうしたテレビの解説番組や市民向けの公開講座のようなものがイメージされるようです。しかし，テレビや講演などは，一般的にいって，聴衆は一方的に受身です。ぼんやり見ていても番組は進んでいき，分かったような気になる。しかし，文字を読む（しかも買って読む）というのは，そうした一方的な受動的営みではありません。そもそも，手にとって，読み始めて，読み続けなければいけないのです。

そこで筆者は，原稿にコメントするとき，著者の専門の「二回り外」「三回り外」にいる読者が関心を持ち，著者の主要なメッセージが理解できるように，などの表現をするようにします。後に述べるように「二回り外」「三回り外」の表現は，むしろ専門性の高い本の場合にいいますが，入門書の場合は，「知的関心は高いが，学問的なトレーニングは受けていない人々，具体的には大学1〜2年生が読めるように」というようないい方をします。その上で，では何が必要か，構成や記述の工夫，適切な解説や視覚的イメージの利用など，読者に応じた具体的な工夫を提案するようにしています。その結果，専門領域にもよりますが，一般の新書や選書に比べて「歯ごたえのある」内容になったもの，つまり専門性は高く，初学者が完全に理解するのは大変だが，概ね内容が摑めると同時に，学問的な意味での困難さが感じ取れる内容のものが，よく受け入れられているようです。

総じていえば，狭義の専門書であれば「パラダイム志向的」，また概説書でいえばある程度大部で体系的なもの，入門書でいえば「歯ごたえのある」，現場の困難が伝わるような挑戦的な内容のものが，今日，本にするに相応しいと筆者は考えているのです。そして最も重要なことは，高度な研究書であっても，読者はごく狭い同業者（狭義の関心対象を同じくする人々）だけではなく「二回り外」であること，そして本の目的と内容に応じて，その「読者」の範囲を適宜拡張し，それに相応しく記述することです。では，どうすればよいのか。具体的な手法については，第Ⅱ部で考えていきましょう。

5　教科書・教材の未来と本

ところで，読者の中には，ここまで筆者がなぜ教科書を挙げなかったのか，不思議に思われた方もあるでしょう。いうまでもなく，大学や大学院の教科書は学術書の一カテゴリーであり，おそらく，今でも学術書全体の売上高のかなりの部分を占めているとは思います。しかし筆者は，こと「紙の本」に限定した場合，狭義の教科書つまり大学や大学院の講義と不可分に作られた教科書は，今後，紙の本として発刊し続けていくには限界があると思っているのです。

理由の一つは，学術研究のスピードの問題です。先に述べたように，同一の対象に迫る方法も，そこから得られる知見も，かつて考えられないほどのスピードで増えています。もしかしたら，明日，これまでの通説的理解が塗り替えられることもあるかもしれないという状況が，どの分野にも顕著に表れています。自然科学分野では，観測や分析の方法は，テクノロジーの進歩とともに，日々洗練され精密になっていますし，また人文学，社会科学の分野でも，先に紹介した古代文明研究のように，コンピュータやネットワークを駆使し，幅広い自然科学の方法を導入することで得られる新知見が積み重なる，というような状況にあっては，伝統的で安定した理論や方法を紙に印刷された本で紹介し学ばせるというかつての教育だけでは，実際に即さないことも多いでしょう。事実，大学では，講義の目的や学生のトレーニングレベルに鑑みた，教員による手作りの教材が広がっています。その結果，「教科書が売れない」というのは，学術出版人の共通した悩みになっているのです。

本書では論じませんが，完全な電子書籍や，紙の本と電子的なデータを組み合わせた新しいタイプの本が教科書や教材には必要なのではないか，そうした考えから，あえて，今日的に必要な本，という議論からは外したのです。しかし，前述したように，広い意味での教科書という点では本は必要です。包括的な概説書というのは，学問の先端化，細分化が進んだからこそ，高等教育にはますます必要になっています。筆者は，これを狭義の教科書と区別する上で「自習書」と呼んでいますが，授業等の直接的な教育指導とは別の場で，学部生や院生が体系的な知を血肉にするための自習書は，学術書の役割として大いに期待されているのです。

第Ⅱ部

書いてみる

魅力的な学術書の執筆技法

第3章 企画と編成 ── 読者・テーマ・論述戦略

1 読者を想定しテーマを決める ── 主題は自明か?

2 書き出しの章と研究史の扱い ── 編成の留意点 1

書き出しの10頁で「広域的」「現代的」意義を提示する／研究史をどう扱うか

3 章と章の統合，序章のあり方など ── 編成の留意点 2

キーワードの設定／序章をいつ書くか／キーワードの集合としての索引

1　読者を想定しテーマを決める――主題は自明か?

この見出しを見て,「あれっ?」と思われる方もいるかもしれません。学術雑誌に投稿するにしても,本に書くにしても,主題を先に決めるのが当然だろうと。もちろん,「何について書くか」という意味であれば,その通りです。しかし,「何について書くか」すなわち研究の対象や目的,方法は何かということと,「何を主張するか」ということとは,ずいぶん違うのです。人類学を例に,少し具体的に考えてみましょう。なぜ人類学かという理由は,すぐに分かっていただけるはずです。

人類学とは何か,辞書風にいえば,「人類の多様性と普遍性を総合的実証的に明らかにする学問」となりますが,この説明に端的に示されるように,その対象範囲は非常に広く,それだけに,領域固有の方法論があるわけではない,というのが研究者の一般的な理解でしょう。つまり,何を対象に何を明らかにするか,関心は研究者によってさまざまで,その分,研究は容易に細分化します。人類と一言でいっても,それがどこにどのように(さらにはいつ)暮らしている(いた)人々なのかといえば,ほとんど,対象は無数といってもいい過ぎではありません。場所を現代のアフリカと限っても,狩猟採集民なのか遊牧民なのか農耕民なのか,狩猟採集民といっても,湿潤な森に暮らす人々(代表的にはいわゆるピグミー)なのか,乾燥したサバンナに暮らす人々なのか(代表的にはいわゆるブッシュマン),一言でブッシュマンの人々の暮らしといってもその内容はさまざまで,男たちの狩猟なのか,女たちの採集を対象とするのか,狩猟といっても,道具に注目するのか,彼らの動物に関する知識に注目するのか,といったことで,研究の関心は,非常に多岐にわたります。実証的な学問ゆえに,当然なことです。

そして現れる論文タイトルは,たとえば,「カラハリ狩猟採集民グイの狩猟活動に見られる動物(ほ乳類)の民俗分類の言語学的考察」といった具合になります。「人類の多様性と普遍性」すなわち我々人とは何なのか,という壮大な知的関心が,研究の現場ではここまで細かくなる。すると意地悪い他の領域の研究者，特に研究費の予算配分に関わって対立しているような人々は，こう言うわけです。「わざわざアフリカまでいって，こんなこと調べて，何の意味があるのか」と。

いやそれどころか，同業者，つまり同じ人類学者であっても，関心をもってくれるかどうか怪しいもので，オラン・アスリ（マレー半島の先住民族）を専門としている研究者が，はたしてこの論文を読むかどうか。出版企画の内容を聞くとき「もし，この論文をそのまま印刷・製本したら何人が読むか」を，筆者はまず考えます。仮に先のようなタイトルの本があるとすると，はたして何人の読者を得られるか。そこで，編集者として，こうお願いすることになります。「最低800人から1000人の方が関心を持って，読めるようにしていただけますか？」

学術書といえども，ビジネスとしての適合性を考えたとき初版部数は1000部は必要だと筆者は考えています。つまり800から1000とは，学術書の最低初版部数の一つの目安なのですが，同時に，学協会の会員数の一つの水準でもあります。ちなみに，日本文化人類学会の会員数は2000人強とされていますが，一領域の研究者を少々大まかにまとめてみると，だいたい1000人，多い場合2000人くらいになる。もちろん，自然科学系の大学会（日本物理学会や日本化学会等）は，その10倍以上の会員数を誇りますが，個別分野でいえば，だいたいこのような数字になるのではないでしょうか。これをいい換えると，「学術書は，自身の狭い領域を越えて，その二回りあるいは三回りくらい広い範囲の研究者を対象として欲しい」ということになります。つまり，前章までに繰り返し述べた，なぜ本にするかという議論に帰着するのです。ここで先ほどの，ブッシュマンの動物分類の話に戻れば，いうまでもなく，狩猟採集民にとって動物に関する知識は狩りを成功させる上で不可欠です。しかし，それは単に狩りの成功・不成功という実利的な側面だけではありません。その動物をどう利用するか（食べる，避けるなど）という資源利用の課題に通じますし，動物をめぐる人々の語りの中には，彼らがその世界をどう認識しているかという世界観まで見えます。そうした，技や知，〈人―動物〉関係に見える精神世界といった風に視点を大きくすれば，他の民族を対象とする研究者の関心とどんどん重なってきます。主要に扱う内容はブッシュマンの動物分類だとしても，たとえば『狩猟民の知と技 ── ブッシュマンの動物観』とでもタイトルを付けてみると，ずいぶん印象が違って，読者対象が広がる。もちろん，これは単にタイトルの問題だけでなく，そうした人類学上の共通関心へ向かって，記述の内容を大きく広げる必要があるわけですが，この点に関しては，また後述しましょう。

ところで，これも人類学の実例ですが，筆者二人がお手伝いしたある論集が，広告業界に働いている，研究者でない方のブログで紹介されたことがあります（残念ながら本書執筆の時点では，そのブログはなくなっているようですが）。このように，ある論文が思わぬ人々の関心を呼ぶこともあります。逆にいえば，著者自身でさえ気づかない大きな可能性が論文の中に秘められていて，読み手がその可能性を開花させることもあるわけです。

さて，読者によって主題は変わりうる，ということをまず摑んでいただいた上で，具体的な事例を紹介しましょう。表3–1に挙げたのは，アジア太平洋戦争の終戦直前に全国の都市で行われた「建物強制疎開」（空襲による延焼を食い止めようと，都市の建物そのものをあらかじめ破壊・撤去してしまう都市防空策）についての博士論文（川口，2011 表の左頁）と，それが本になった際の目次（川口，2014 表の右頁）を比較したものです。

すぐに気づくのは，本では大きく二つのパート（部）に構成され，第1部第1章として，博士論文の目次には全く見当たらない章が付け加えられている，ということでしょう。さらに，博士論文での第1章，第2章は，内容の中心点は変わってはいないのですが，本の第2章，第3章として再構成した場合，タイトルはずいぶん違っていて，それらが新たに付け加わった第1章とともに，第1部を構成していることに気づくでしょう。その上で，本の冒頭には，建物疎開（強制疎開）を近現代史研究の中に位置づける宣言が，「序章」として謳われていることが分かります。

少し解説しておくと，建物疎開（強制疎開）は，当時の国民生活に甚大な影響を与えたにもかかわらず，専門の日本近現代史研究者からはほとんど等閑視され，研究が進んでいませんでした。一方，市民による戦争，戦災の記録運動の中ではしばしば取り上げられ，聞き書きによる証言集などがいくつか刊行され，また，建物疎開が戦後日本の都市計画に与えた影響の大きさから，建築史・都市計画史の分野には，関心を持つ研究者がある程度いました。つまり，狭義の歴史学的関心と，社会的あるいは歴史学以外の分野での関心が乖離していたというのが，建物疎開という出来事なのです。実際，著者の川口朋子氏は建築史・都市史の研究室で学んだ方です。なぜ，日本史では等閑視されてきたのか，ということについては，同書の序章を読んでいただくとして，博士論文を本として出版する際に氏が最も重視されたのが，この「関心の乖離」を埋めるという点なのです。

博士論文とは，極端にいえば，審査をする主査・副査の教員たち数名に向けて書かれるものです。この場合でいえば，同じ建築史・都市計画史家として問題意識を共有する人たちですから，「建物疎開を研究する意義」について，近現代史の文脈の中で強調する必要はありません。しかし，本にしたとき最も読んで欲しいのは，日本史専門の研究者，つまりこの重要な歴史事象に目を向けて欲しい人々です。そこで，戦時における国民動員という歴史学における伝統的な関心事，あるいは戦史というさらに大きな関心事の中に，建物疎開研究を位置づける必要がある。まず，航空機による攻撃が戦争の主流になった近現代の戦争において，防空（専門的には軍防空と民防空に区別される）がなぜ重要な要素になったか，そして民防空の中で建物疎開がどのような位置を占めたかを述べ，とりわけ戦局が悪化する中，燃えやすい木造の建物が密集する日本においては，建物自体をなくしてしまうことが「防空」の要となった，ということを丁寧に読者に示さなければならない，というのが，本としての第1のテーマになるわけです。そこで，防空という概念の世界史的な解説を第1章として加え，その上で博士論文の最初の二つの章で示されていた，建物疎開に至るまでの制度的，法的な過程を「防空史」の中に位置づけ，これら三つの章で「部」を構成することで，同書の強調点の第

表 3-1 博士論文（左頁）と，書籍として刊行された際の構成（右頁）を比較する

博士論文『戦時下都市防空における建物疎開 ── 京都の事例を中心として』（川口，2011）の目次

はじめに

第 1 章　京都市内の防空
1　防空法第 1 期（1937 年 4 月～1941 年 11 月）
1-1　防空計画の設定
1-2　防空設備・資材の整備
1-3　国際情勢の変化と防空計画の対応
2　防空法第 2 期（1941 年 11 月～1943 年 10 月）
2-1　防空法改正による防空計画の変化
2-2　物資不足による防空計画と現実の乖離
3　防空法第 3 期（1943 年 10 月～1945 年 8 月）
3-1　防空資材の窮乏と防空の強化
3-2　敗戦直前の市内の防空

第 2 章　防空法の改正と建物疎開の執行
1　防空計画と空襲の経過
1-1　内務行政としての民防空
1-2　全国的な空襲の経過
2　建物疎開の法制
2-1　建築物の疎開と空地
2-2　防空法第二次改正
2-3　都市計画決定・事業決定との相違
3　帝都東京の建物疎開
3-1　東京の建物疎開執行機関
3-2　建物疎開の変化
4　建物疎開の実施促進要素

第 3 章　京都における建物疎開
1　京都の建物疎開執行機関
2　大都市空襲以前の建物疎開
2-1　第一次建物疎開
2-2　軍需工場の移転
2-3　第二次建物疎開と京都市内の消防
2-4　消防用道路に指定された地区
3　大都市空襲以後の建物疎開
3-1　第三次建物疎開
3-2　第三次建物疎開地区選定の特徴
3-3　第四次建物疎開と疎開跡地

第 4 章　建物疎開を生き抜いた住民たち
1　除却および移転の実態
1-1　五条通での除却進捗状況
1-2　五条坂の住民の記憶（聞き取り調査）
1-3　御池通の老舗旅館の建物疎開
1-4　御池通・堀川通の住民の移転
2　疎開者への補償
2-1　補償制度や組織

出版された『建物疎開と都市防空 ──「非戦災都市」京都の戦中・戦後』（川口，2014）の目次

序章 ── 建物疎開（強制疎開）と近現代史研究
1 わが国の民防空と建物疎開
2 戦争体験の記録・歴史化のなかで等閑視された建物疎開
3 建物疎開研究の本質的意義と学際的アプローチの必要性
4 京都の建物疎開を研究する意義
5 本書の目的と意義

第1部 民防空と建物疎開

第1章 近代戦における航空機の発達と民防空
1 世界の民防空の歴史とその概念
1-1 欧州の民防空
1-2 ドイツ・イタリアの民防空
1-3 建築物の防空
2 日本の民防空
2-1 アジア・太平洋戦争下の日本の都市空襲
2-2 民防空の発展と防空法
2-3 防空法の改正と防空計画
コラム1 日本の大都市の人口集中率と地形的特徴

第2章 京都の民防空
1 「近畿防空演習」（1934年）の実態
2 防空計画の設定―防空法第1期（1937年4月～1941年11月）
2-1 監視・通信
2-2 消防
2-3 防空訓練
2-4 木造家屋の防火改修
3 国際情勢の変化と防空計画の対応
3-1 京都府の防空計画
3-2 京都市の防空計画
4 防火・消防の重視とその現実 ── 防空法第2期（1941年11月～1943年10月）
4-1 防空のための予算措置
4-2 物資不足による防空計画と現実の乖離
5 民防空への「疎開」の導入と空襲の現実化 ── 防空法第3期（1943年10月～1945年8月）
5-1 待避
5-2 防空資材の窮乏と防空の強化
5-3 燃料不足
5-4 防火改修
5-5 京都空襲と市民の防空意識
5-6 敗戦直前の市内の防空

第3章 建物疎開と民防空
1 内務行政としての民防空
2 建物疎開の法制
2-1 建築物の疎開と空地
2-2 防空法第2次改正と建物疎開

2-2 実際の支払方法や受領額
2-3 建物疎開に対する住民の評価

第5章 建物疎開の戦後処理
1 京都における建物疎開の戦後
1-1 疎開跡地の都市計画決定
1-2 長引く残務処理
2 疎開者に対する戦後法的保障
2-1 罹災都市借地借家臨時処理法の改正と争点
2-2 戦後補償特別措置法の改正と争点
2-3 建物疎開に対する訴訟と国の規定概念
3 現代都市に見られる建物疎開のひずみ ── 3地域の事例

おわりに

2-3　建物疎開の事業遂行過程
3　帝都東京の建物疎開
3-1　東京の建物疎開執行機関
3-2　建物疎開の変化
3-3　映画『破壊消防』
3-4　建物疎開と軍

第2部　建物疎開と京都

第4章　京都における建物疎開の実施
1　京都の建物疎開執行機関
2　大都市空襲以前の建物疎開
2-1　第1次建物疎開
2-2　軍需工場の移転
2-3　第2次建物疎開と京都市内の消防
3　大都市空襲以後の建物疎開
3-1　第3次建物疎開
3-2　第3次建物疎開地区選定の特徴
3-3　第4次建物疎開と疎開跡地

第5章　建物疎開を生き抜いた住民たち
1　除却および移転の実態
1-1　五条坂の除却
1-2　五条坂の住民の記憶
1-3　御池通の老舗旅館の建物疎開
1-4　移転時の状況とその特徴
2　疎開者への補償
2-1　補償制度と組織
2-2　実際の支払方法や受領額
2-3　建物疎開に対する住民の評価
コラム2　両側町
コラム3　学区

第6章　建物疎開の戦後処理 ── 都市空間・都市意識への影響
1　京都における建物疎開の戦後
1-1　疎開跡地の都市計画決定
1-2　長引く残務処理
2　疎開者に対する戦後法的補償
2-1　罹災都市借地借家臨時処理法の改正と争点
2-2　戦時補償特別措置法の改正と争点
2-3　建物疎開に対する訴訟と国の規定概念
3　現代京都に見られる建物疎開のひずみ ── 3地域の事例
3-1　陶器の町の激変 ── 五条坂地区
3-2　伝統的市街とコミュニティーの分断 ── 下京区醒泉学区
3-3　市内随一の繁華街の衰退 ── 寺町通
4　いまも残る，建物疎開の物質的・空間的・精神的影響
京都の戦中・戦後を論じるもう一つの意味 ── まとめに代えて

1を示すという編成になったわけです。

さらに，博士論文の核にあたる建物疎開（強制疎開）の実際については，市民生活への影響をできる限り実証的に示すと同時に，第2部としてまとめて戦後都市計画への関連を強調することで，戦後の都市空間と社会に大きな影響を与え，その影響は現在も見え隠れしているということを主張する。このことは，従来からこの問題に関心を持ち続けてきた建築史・都市計画史のテーマであると同時に，市民的関心にも応え，さらには，地方政治，地方行政の歴史研究にも接続します。こうして，「建物疎開の実証的研究」が目的であった博士論文が，近現代史研究への大きな問題提起の本となった，ということを，この二つの目次の比較から読み取ることができるのです。

2　書き出しの章と研究史の扱い――編成の留意点　1

読者をどう想定するかで，強調点（テーマあるいはメッセージ）も変わっていくということは，前節の事例でお分かりいただけたでしょう。さて，これまでに何度か繰り返したように，いわゆる「領域固有の専門書」といわれるものでも，著者自身の研究領域の「二回り，ないし三回り外」にいる人々を読者として意識することは，本の可読性を明らかに高めることに繋がります。「二回り，ないし三回り外」の人々というのは，より分析的にいえば，本（論文）のテーマに関心を持ちうるけれども，それを理解するための領域的なトレーニングが欠けている人，ないし，対象に関する基本的情報に欠けている人々です。もう少し具体的にいえば，自分とは少し専門領域が離れているけれども，自分の仕事を面白いと感じてくれそうな研究者，あるいは，自分の仕事に関心を持って欲しいと思う学生，大学院生などですが，こうした人々に自分の仕事の面白さを語る場面を意識すると，記述の仕方はもちろん，本の編成の仕方から変わってきます。

■書き出しの10頁で「広域的」「現代的」意義を提示する

もう一度，表3-1の右『建物疎開と都市防空』の目次を見てください。本の序章は博士論文の「はじめに」に当たる部分が拡張されたものですが，そこには五つの節が設けられていて，いずれもが，同書で扱われる研究とその対象の意義について，色々な角度，レベルから述べる内容になっています。こうした序章（序文）を本書では「宣言的序文」と呼びますが，なぜ××を研究するのか，××について論じるのか，という著者の思いを，想定した読者の関心のありように応じて丁寧に示すことは，読まれる学術書にとって最も重要な要素です。

ところで，このような「宣言的序文」には適切な量が必要です。出版業界には，昔から「書き出し10行，10頁」という言葉があって，冒頭の10行，10頁で読者の関心を惹くことが肝要だといわれますが，学術書の場合もそれは同様です。「二回り，三回り外」の人々を読者にしようとすると，あまり短いと，十分にその意義を説明することはできませんし，逆にあまりに長いと，読み手に飽きられてしまいます。『建物疎開と都市防空』の場合，この宣言的な序章部分は11頁と，ちょうどよい長さといえます。

■研究史をどう扱うか

ところで，書き出しに関してしばしば残念に思うのは，序章（あるいは第1章）に当たる部分で長々と研究史を紹介し，その長い研究史にもう一つ研究を重ねました，という形で「本書の意義」を示そうとする論文が実に多いということです。

博士論文などであれば，それは自分が勉強してきたことの証を示す場でもあるので，どれだけ研究史を押さえた上で議論しているか，丁寧に示すことは不可欠です。しかし，それを本として刊行する場合，専門の「二回り，ないし三回り外」の読者にとっては，特定の学問領域における研究史は，あまり関心の対象になりません。そこで，学術的な信頼性を担保しつつ読者の関心を惹くには，研究史に関する記述をどう扱うか，工夫が必要になります。筆者はその要点は，次の三つにあると思っています。

1 自分の研究の「売り」(視点や方法論の特徴，意義)を説得的，明示的に示すために先行研究との違いを際立たせるように記述する。
2 研究の大きな枠組を示すために，必要な範囲でグランドセオリー(広く適用可能な一般的理論)を紹介する。
3 領域独自の細かな研究史は，読者が読みとばしてもよいように工夫する。

具体的な例を挙げましょう。

> 本書はそうした内外の人類学における広義の物質文化研究の(再)活性化をひとつの背景とし，そうした傾向と軌を一にしている。ただし誤解を懼れずに言えば，本書は必ずしもいわゆる「物質文化研究」の書ではない。本書を構成する各論文やエッセイを読んでいただければわかるように，本書には人類学の下位領域としてあらかじめ境界設定された「物質文化研究」の枠組みを遙かに超えた視点と内容が含まれていることを予め述べておきたい。われわれがこの本において目指すのは，「物質文化研究」という人類学における既存の下位領域の閾を取りはらい，あるいは越境し，「もの」とひとの相互関係の諸側面を描いてゆく新たな視点と方途を，人類学の全体に向けて，あるいは人類学にとどまることなくさまざまな隣接学問分野に向けて，提示してゆくことである(床呂・河合，2011：2–3頁)。

この文章は，これまであくまで人を中心に論じられてきた「人とものの関わり」について，人中心の見方から離れた「ものを主人公とした」人類学的研究を志すことを目的とした論集(『ものの人類学』)の一節ですが，ここには伝統的な「物質文化研究」を越えんとする，自らの研究の特徴を出そうとする意図が端的に宣言されています。その上で，この文章の後には，物質文化研究の歴史と問題点が紹介され，その後，この論集の特徴となる理論的問題群が整理されています。もちろんそこでは，マリノフスキーらの古典的研究者や，ジェルやアパデュライといった最近の論客，またベルクソンやメルロ＝ポンティといった思想家の名前はあがってきますが，そうした研究史の細かな内容は本文では最低限に記述され，参照すべき事柄については，注に回されています。

最初に物質文化研究をいわば「仮想敵」と設定してしまう。そうすることで，その仮想敵の何が問題なのか，その問題を乗り越える上ではどういった理論的，方法論的な枠組みが必要なのか，端的に記述することができる。仮に物質文化研究の研究史について細かく学びたい読者がいれば，注と参照文献を手がかりにすればよいと割り切ることで，説得的な序章が構成できるわけです。

3 章と章の統合，序章のあり方など——編成の留意点 2

■キーワードの設定

もちろん「仮想敵」を設定する，というかたちでない戦略もあって，著者の専門領域の外から意外な理論枠組みや方法論を示し，それらに依拠することで画期的な議論に成功する，という場合もあります。いわば，思わぬ援軍を用意するという戦略で，それに応じた研究史の描き方もあります。しかし，仮想敵の設定戦略も遠い援軍の設定戦略も，共通するのは，思い切った議論を提示するという姿勢です。本全体の議論の行き先を思い切った高みに置いてしまう大胆さ，これまでの研究史や通説を乗り越える（乗り越えうる），あるいは，これまで不明であった点を説明する（説明しうる）といった，文字通り「パラダイム志向的」な議論は，成功する本に共通しているといってよいでしょう。

その点では，自らの「売り」をキーワードで示すのも有効な手法です。先の論集（『ものの人類学』）では，「もの」のはかなさ，劣化，消滅，といった語がしばしば登場します。これらは，「「もの」に確固たる実体と固有

図3–1『ものの人類学』のカバー。「はかなきもの」の象徴としての剪紙が貼り付けられている。

の物質性を認めてきた既存の「物質文化研究」の足場を大きく揺さぶる」キーワードで（丹羽，2011），この「はかなきもの」の象徴として論じられる中国の農村女性によって作られる剪紙（切り紙）は，同書のカバーにも貼り付けられています（図3–1）。

このように，本全体を通底するキーワードを設定すると，本の狙いが明確になり編成もしやすくなります。単著の場合も気をつけなければなりませんが，特に複数の著者による共著の場合，一つ一つの章で論じられる内容が，本の中ですでに論じられた，あるいはこれから論じられる事柄とどう関係しているのかが，明示的でないことがしばしばあります。仮にその章の内容自体は興味深いものだったとしても，本全体の狙いやメッセージとの関係が分からないと，読者としては不満が残ります。外国の学術出版編集者の間では「inter-chapter integration」（章と章との統合）は，本作りの最も重要な要件の一つとされているといいますが，それぞれの記述セクションの有機的な関連を明示的に示す工夫は，読まれる本

序章の骨子（主要メッセージ）を全員で確認
↓
それを意識した各論の執筆
↓
読み合わせと，「役割分担」の調整（重複の調整も含む）
↓
各論のリヴァイス（改稿）
↓
最終的な序章，終章の執筆

図3-2 論集執筆の流れをこのように変える

を書く上で非常に重要です（ちなみに，もう一つの要点は「structural editing」つまり構造的な編集で，本全体を，その本の目的や性格に相応しく編成することです）。その点，本全体を通じたキーワードを設定して序章で示し，たとえば各章の冒頭とまとめに，そうしたキーワードや主なメッセージを1回は意識して使用するようにすると，自ずと，その本全体の中での個別論文（章）の寄与の仕方を明確にできるものです。

■序章をいつ書くか

ところで，論集を書く際（単著の場合もあるかもしれませんが）にしばしば見られるのが，「各論を読んで序章を書く」というスタイルです。色々な事情もあるとは思うのですが，このような進め方では，戦略的な編成や章と章との統合を図るのは，なかなか難しいものです。むしろ，最初から，それぞれの著者に「自分は本書の中でどういう役割を果たして，何を書けばよいのか」をイメージさせることが大切で，そのためには，まず序章の骨子を書いてしまうことが大事です。それを執筆者全員に示すことで，本全体の主要メッセージを皆が確認し，本全体の中での役割を意識した各論の執筆が可能になります。その上で，一旦仕上げた草稿を全員で読み合わせし，記述の重複の調整も含めて役割分担を再確認して改稿する。そして最後に決定稿としての序章，終章を執筆する，という流れが理想的でしょう（図 3–2）。またその際，各章において，最低 1 回，できれば 3 回くらい，本の他の章を参照，引用，援用するようにすると，章と章の統合は非常に明示的になります。

■キーワードの集合としての索引

前述した「キーワード」の設定と関わって，索引をどう作るかも，本全体の統合度を高め読者にとって使いやすい本を編む上での大切なポイントです。時々，300 頁ほどの薄手の研究書であるにもかかわらず，索引だけで 20 頁近くを占める本を見かけます。本の中に出てくる主要な固有名詞を全部掲載したのでは，と思えるようなものですが，はたして読者にとって使いやすいかどうか，というと疑問です。では索引に何を掲載するか。この点に関しては，第 6 章で詳しく述べたいと思います。

以上，本章では，読者の想定からはじまって，本全体の企画・編成の要点について考えました。しかし，いうまでもなく，コンセプトが正しくても表現に問題があれば，読者に喜んで読んでもらうことはできません。次章では，より実践的に，本（論文）を記述する際の留意点について，考えていきましょう。

第4章 可読性を上げるための本文記述と見出しの留意点

1　「重複」は可読性を最も下げる
章や節の冒頭に注意／単著にありがちな「ねじれた重複」／単なる要約としての「まとめ」や「章括」は逆効果／繰り返しが必要な場合の対処法

2　「気弱な記述」を避ける

3　領域的，制度的な記述スタイルをどうするか
調査や実験の「方法」や「手続き」等の示し方／計量的アプローチ等における解析方法の提示

4　専門的な概念や用語，数値をどう示すか
意外な盲点／数値データの提示，図表の使い方

5　見出しを工夫する
どの本を見ても目次が同じ？ ――「制度的論文タイトル」に問題あり／単調さの原因となる「系列羅列型の見出し」「繰り返し型の見出し」／どんな見出しが求められるか？

いわゆる論文の作文技術や執筆作法に関する本は多いですし，いずれも役に立つのですが，一般にそうしたガイドは，本を一冊まるまる執筆する（または編む）ためには書かれていないことが多く，また，それぞれの専門領域固有の文脈の中で構成や論理を明瞭にしようとすることから，領域を越えることを旨とする「本」を執筆する上で役立つ「コツ」（tips）が意外に書かれていないように思います。そこで本章では，ここを少し工夫すれば可読性が上がる，というような細かな事柄についてもできるだけ取り上げて，「二回り，三回り外」の読者に向けた工夫について考えてみたいと思います。

1 「重複」は可読性を最も下げる

数百頁に及ぶ本を執筆するにあたって，第1に気をつけたいのが，記述の重複です。後述するように，自らの示した論点を読者と共に確認するために，先に書いた事柄を適度に繰り返すことはもちろんあり得ることですし，場合によっては大変効果的です。しかし，多くの原稿で，そうした自覚的，意識的な議論の確認ではない単なる重複を目にする場合が多く，これは，読者から見たとき，大変気になるものです。

■章や節の冒頭に注意

筆者の実感として，議論の対象や背景，考察のための基本的な概念や方法論といったものが，各章の冒頭に繰り返される形での重複は，最も多く見られます。特に，複数の著者による論集の場合，個々の執筆者に与えられたテーマを本人の議論の中だけで十分に説得的に示そうとするため，ある意味では当然のことながら，議論に必要な枠組みに関して各人が記述してしまうことから起こる問題です。たとえば，新自由主義が世界をどう席巻したかを考えようとする本で，各章の冒頭に，「そもそも新自由主義とは」という形でその誕生と普遍の経緯といった定義や歴史に関する議論が何度も繰り返されるとすれば，その重複感は相当なものです。いかにも読みにくいですし，前章で述べた「本全体の統合」といった観点からいえば，全く編集されていない単なる寄せ集めだと読者に誤解させることにもなってしまいます。先述したように，こうした例は分担執筆の場合に多いのですが，単著でも，雑誌や紀要に発表してきた論文をもとに一冊の本に編む場合には注意が必要です。むしろ単著の場合の方が，発表した時期やテーマ，あるいは掲載された媒体によって（専門誌か一般誌か，あるいは紀要かといった発表メディアによって），微妙に焦点や書き方のスタイルが違っている分，いわく言いがたい歪んだ重複感が感じられることも少なくありません。

■単著にありがちな「ねじれた重複」

こうした事例は，比較的，人文・社会科学に多いように思いますが，たとえば歴史学であれば，史料の分析を進めれば進めるほど，対象とする時代や社会に対する認識が深まるのは当然です。ただそうなると，10年前に書いた論文と今とでは，著者自身，同じ事柄に関する評価が違ってくるのはよくある話です。そうした認識の微妙な変化を放置したまま，既発表の論文を集成してしまうと，同じ事柄が何度か登場するのだけれども，どうも，定義や評価がその都度微妙に違っているぞ，と読者が不審に感じ，ひいては議論そのものの精密さが失われることになります。全く同じ事柄が繰り返されるのも読みづらいものですが，このように微妙に違った形での，いわば「ねじれた重複」は，必要以上に読者の注意力を要求してしまい，また意地悪な読者には，それこそ格好の攻撃材料を与えてしまいます。

もちろん論集においても同様のことが起こり得て，何人かの研究者がそれぞれに提唱した概念なのだけれども，その概念が各人で微妙に違っているため，同じ「視空間的スケッチパッド」（visuospatial sketchpad，現代の認知心理学，脳科学の中心的研究対象であるワーキングメモリに関わる重要な構成要素の一つ）という概念でも，著者の理解や議論の文脈によってその意味するところが微妙に違い，しかもその違いが表記や訳語の違いとして一冊の本の中に現れる，という事例を見たこともあります。

こうした場合，その微妙な違いの意味を必要に応じて説明していけば，むしろ一種「奥深さ」さえ感じられ大変ためになるのですが，この違いに無頓着なままでいると，先述したような問題を引き起こします。学問的な精密さを正しく伝えるためにも適切な説明を加えて，「重複」ではなく「違い」を示す工夫が必要でしょう。

■単なる要約としての「まとめ」や「章括」は逆効果

もう一つ，これもしばしば見られるのは，章や節の末尾に「まとめ」として，議論の要約を付ける事例です。読者の理解を促すための意図からとは思いますが，これが逆効果になっているものも少なくありません。実は，学位論文など，専門家による査読を経た原稿にこうした例がしばしば見られるのは，どうしたことか。もしかしたら，査読者自身，全文を読むのが面倒なので，こうしたまとめを書かせているのではないか，と勘ぐってしまったりします。10頁に満たない章の末尾に2頁のまとめが，単なる要約として書いてあったりすれば，やはりその重複感は相当なものです。前項でも書いたように，慎重な読者であればあるほど気になるような書き方は，避けるべきでしょう。

もちろん，「章括」一般に意味がないわけではありません。単なる要約ではなく，その章の論述から見えてくる問題群を別の角度から整理したり，後の章で扱うテーマと問題意識を繋げていくように書いたりすると，むしろ，その章の意味が本全体のメッセージとの関係で厚みをもって理解され，また章と章の関係もスムーズに結ばれ，大変，説得的な議論になります。その場合，後に詳しく述べますが，見出しをどうするかも工夫のしどころです。一般に，「まとめ」「おわりに」「小括」「章括」などのタイトルを付けがちですが，いずれも，単なる要約をイメージさせますし，その節の内容が見えてきません。「本章のまとめ」などの表現はサブタイトルに回して，内容を示す見出しを工夫すべきでしょう。

■繰り返しが必要な場合の対処法

とはいえ，同じ議論を全く繰り返してはならない，というわけではありません。「日本人の論述の特徴はスパイラル（螺旋状）であることだ」と，海外の学術出版社の編集者が，しばしば指摘します。英語圏の読者にとってはそうした螺旋状の論理展開が馴染まないという批判が込められていて，日本人の学術成果を英文出版する場合の問題点としては正しい指摘だと思いますが，議論を何度か確認しながら次の高みに上がっていくという論述スタイルは，日本人にとっては，それなりに心地よいのも事実です。

そこで工夫したいのは，読者とともに議論を確認する上で必要な範囲で同じ事柄を繰り返す際には，「前述したように」「すでに何度か述べたように」「この問題をもう一度確認するためにあえて繰り返すが」等々，著者として意識して重複させていることをきちんと表明してしまうことです。

また，分担執筆による論集などの場合，同じ事柄について著者によって角度を変えて論じたり，別の事柄を議論しているのだけれども，他の章で議論された内容と共通の側面が描き出されるという場合がしばしばあります。また，各章の冒頭に同じ議論が繰り返されてしまう場合，もちろん，そうならないように著者の間で役割分担をして重複を避けることがまず大切ですが，それにしても，完全に削除できない場合もあります。そうしたときは，「本書第○章で，××が述べているように」などの添え書きを入れることで，重複が気にならなくなると同時に，逆に本全体の統合感を演出することができます。

いずれにしても，重複は，「読者とともに議論を確認する」上での必要かつ十分な量に止めること，その際でも，あえて繰り返しているということが自明になるように，添え書きを入れることが大切です。

2 「気弱な記述」を避ける

もう一つ，重複と並んで可読性を下げる大きな要因になるのが，「〜と思われる」「〜と推測される」「〜と考えられる」といった表現を多用することです。議論の慎重さを表そうという意図は分かりますが，これらの表現は文章の末尾に使われることが多いため，短い範囲（一つの段落や一つの節）の中に何度も登場したりすると，文章のリズムの問題とも相まって，読者には気になるものです。

こうした表現は，特に学位論文のように査読者の批判を前提として書かれる原稿によく見られます。もちろん学位審査の際には，そうした慎重さは必要でしょう。しかし，それを学術書として刊行する場合，読者は学位審査の主査や副査ではなく，著者の思いきった議論を待っているのです。ですから，こうした「おずおずとした」自信なげな調子の表現は，本そのもののインパクトを削いでしまうことになります。できるだけ「だ」「である」といい切るか，せいぜい，「〜といえる」「〜といえよう」などの表現をとるべきで，時に，「〜といえるのではないか」という問いの形式をとるのも効果的です。

これ以上書くと，学術書ライティングの「技法」という議論を越えてしまう恐れもありますが，あえていえば，「二回り外，三回り外の読者」に向けて書くというのは，それが「二回り外，三回り外」の学問領域になにがしかのインパクトを持っていると自ら信じることの宣言です。あえていえば，そうした宣言ができない研究は，本にする必要はありません。また，志は大きいけれど根拠の薄いような議論も，これまた本にしてはなりませんが，きちんと証拠を示して，説得的な論理で議論をしていると信じることができるなら，はっきりとした表明をして欲しいというのが，読み手の側が期待することです。十分な証拠（たとえば原典引用等）が示せない場合，事柄の性格が両義性・多義性を持つために「××だ」といい切れない場合，著者がある程度の見通しを持ってはいるけれどもまだ仮説の範囲を出ていない場合，などは別として，できるだけ自信を持った書き方をして欲しいものです。そしてこの点は，第3章で述べた研究史の扱いとも関係します。自信を持って表明するために必要な限りにおいて，研究史をきちんと追うことは，説得性を高めます。しかしそれが過剰になると，（特に若手研究者の論文においては）単に，「ちゃんと勉強しました」という，教師向けの言い訳に見えてしまいます。

3 領域的，制度的な記述スタイルをどうするか

■調査や実験の「方法」や「手続き」等の示し方

たとえば心理学の研究で，心理尺度を用いた分析や実験的なアプローチを行う場合，雑誌や紀要に投稿したり博士論文とする場合は，調査や実験の手続き，解析の方法等に関して，下記のように，細かに項目を立てて示すのが普通です。

方法：回答者　××の属性の男女××人，平均年齢××（標準偏差××）に対して……

手続き：××の心理尺度を基に「××」と題された調査票を，××の形で配布し……

結果：有効な回答が得られた××について，××の検定法で解析した結果……

考察：上記の結果により……

心理学に限らず，調査解析的，実験的なアプローチを行う研究分野では，こうした記述スタイルが制度として求められていることも多いでしょう。制度ですから，もちろんその領域の中でサーキュレーションされる場合は，全く問題ありません。しかし，「二回り外，三回り外」の読者にとっては，読みにくく感じることが少なくありません。たとえば，上記のような形式を，小見出しをすべて取り払って，一つの流れにしてしまっても，内容的にはほとんど何の問題もないでしょうし，ずっと，読みやすくなります。

××の属性の男女××人，平均年齢××（標準偏差××）に対して……××の心理尺度を基にした「××」と題された調査票を，××の形で配布した。……その結果，××の有効な回答が得られたが，この回答群について（××の検定法で）解析したところ……。

■計量的アプローチ等における解析方法の提示

さらにここで下線を引いた部分，すなわち解析の方法（たとえば各種の分散分析等）を提示したり，数値提示の際に解析方法に応じた条件を提示したりすることは，雑誌論文等においては必須ですが，計量的でない学問領域の読者にとっては，過剰に専門的な印象に映る場合もあります。そこで本として書く場合は，こうした専門的な統計・解析処理に関する手続き部分を，注として本文から切り離してしまうと，その記述が必要な専門家は注を読むでしょうし，その必要のない，さしあたり考察の結果を知りたい読者は，自然に読みとばすことができます（第5章参照）。

2014年春の学術界を騒がせたSTAP細胞を巡る一連の騒動で初めて知った方も多いと思いますが，*Nature*のような権威ある雑誌論文でも，結果を示した論文そのものには実験手続きがさほど詳しく示されず，細かな手続きについては別途示すというスタイルが普及しています。まして，学術雑誌論文のように同じ分野の専門家による追試も含めた精密な検討が必要なものと比べ，本の場合は，すでに何らかの形で発表し，ある程度検証が済んでいる研究をもとに編まれることが多いわけですから，まずは，研究の結果について，細切れにならない叙述的な文章の形式で示すことは，可読性を高める上での大切なポイントになるのです。

4 専門的な概念や用語，数値をどう示すか

■意外な盲点

この点に関わって，同様に工夫が必要なのは，論述に欠かせない専門的な概念や用語を「二回り外，三回り外の読者」にどう示すか，ということです。領域外の読者の場合，内容的な意義に関心を持っても，そこへのアプローチの方法や視角といった点では十分なトレーニングを経ていないわけですから，領域固有の概念や用語については，ほとんど知識がないと思ってよいでしょう。したがって，いきなり領域固有の概念を

前提に書くと，読者は距離を感じてしまいます。一般的にいえば，当該の専門領域の大学院生でなければ身につけていないような事柄は一応説明しておくべきだと，筆者は考えています。

とはいえ，議論の枠組に関わるような事柄については丁寧に説明するとして，より専門的な，あるいは多少周辺的な事柄については，本文で記述するとかえって煩雑な印象を与えるのも事実です。そこで，第5章で詳しく紹介するように，注やコラム，あるいは用語解説といった手法で説明するのが良いやり方です。また，こうした解説においては，多かれ少なかれ，研究史に触れることになります。研究史の扱い方に関しては第3章で述べましたが，用語や概念を説明する際にも，先行研究を列挙するような研究史の提示は避けるべきで，中心的な一人ないし二人の研究者の名を挙げて，その理論枠組や方法の内容や意味を示す程度に止め，それ以外は思い切って省くか，どうしても触れる必要がある場合などは，注で示すようにしましょう。

ところで，専門的な概念や用語というと，専門分野の辞書（たとえば「言語学事典」や「生態学事典」のような類のもの）に掲載されている，文字通り専門的な言葉のことをイメージしがちですが，意外な盲点になるのが，地名や人名です。たとえば，東南アジアの社会学的な研究書で，

　　カリマンタンのクチンでは……

といきなり書かれると，最近では変わってきたとはいえ，これまでの中学・高校の社会科教育ではボルネオ島に関わって「カリマンタン」という表現を使うことは少なかったので，カリマンタンの語でボルネオ島をイメージできる読者は，一般には必ずしも多くないでしょう。しかも，クチンってどこ？

ところが，今の文章にほんの少し補助情報を足して，

　　カリマンタン（ボルネオ）の北西部，東マレーシアのサラワク州の州都クチンでは……

と書いてみると，東マレーシア（ボルネオ島北部に広がるマレーシア領，ちなみにボルネオ島の大部分はインドネシア領）もサラワク州（ボルネオ島のマレーシア領の3分の2を占め，かつて，ジェームズ・ブルックというイギリス人探検家が建国し，日本軍の東南アジア進出の際に占領されて事実上消滅したサラワク王国の版図にほぼ重なる）も知らなくても，なんとなく読者は安心して，分かったような気になるのが不思議なところです。

また，領域特有の表現なのだけれども，使われている言葉が普通名詞であるだけに，かえって「二回り外，三回り外の読者」には違和感を与える，という事例もあります。たとえば，文化人類学の領域でしばしば使われる「実践」という言葉があって，この語には，ある限られた定義（とニュアンス）が込められています。しかし，そうしたニュアンスを表現したいというのは分かるのですが，あまりに頻繁にまた定義なしに使われると，語彙としては一般的な言葉だけに，領域外の読者に違和感を与える場合も少なくありません。どうしても「実践」という言葉を使う必要があるとき以外の一般的な文脈の中では，「行為」「営為」「行動」などの語と置き換えた方がよい場合も多いように思います。地名や人名も含めたこうした細かな用語の使い方への配慮も，可読性を考える上で，非常に大切です。些末なことですが，著書全体や，各章のもとになった著者自身の研究について，「本論文」「本研究」「本調査」等々の言葉で示すことも，いかにも「同業者」向けの印象を与えます。論文を本のスタイルに編むときにはこうした言葉遣いは避けた方が望ましく，文脈に応じて「本書」「私の研究」などに置き換えるとよいでしょう。

■数値データの提示，図表の使い方

計量的なアプローチの方法や細かな手続き等の記述については前節で述べましたが，では，出てきた結果としての数字そのものは，どう示せばよいでしょう。研究の成果ですから，当然，エビデンスをきちんと示す必要はあります。雑誌論文などでは，数値やデータの扱いに注意を怠ることは，文字通り致命的な問題です。しかし，「二回り外，三回り外」の読者は，個々の数値の正しさというよりは，それらの数値が持ってい

る意味，論述全体としての論理としての正しさが確認できれば，細かなデータを追っていくような読み方はしないのが一般的です。むしろ，細かなデータの羅列が続くと，敬遠してしまいがちです。そこで本の場合，数値データはグラフなどの図表にまとめ本文には細かく記さない，あるいはそうした図表自体，アペンディクス（付録）として章末や巻末にまとめてしまうなどの思い切りが必要になる場合もあります（第5章参照）。図を使うにしても，細かなデータをプロットして証拠を示すというよりも，読者にとって，大きな動態が直感的につかめるように工夫する方が，グラフが生きることになります。

5　見出しを工夫する

学術書に限らないと思いますが，ある本を読んでみようと思う時，まずはその本の目次を見るのが普通でしょう。目次を見て内容の全体を摑んで，それが自分にとってどの程度の興味を惹くものか，ざっと品定めするというところでしょうか。ですから，目次は本のサーキュレーションにとって大変大事で，その目次を構成するのが各セクション（部，章，節，項）の見出しです。ところが，学術書の世界では，これがないがしろにされている例が少なからず見られます。

■どの本を見ても目次が同じ？ ──「制度的論文タイトル」に問題あり

次の例を見てください。

第1部　本研究の目的と方法
　第1章　緒言
　　1. 本研究の視角
　　2. 先行研究と研究課題
　　3. 本論文の構成

第 2 章　調査の概要
1. 事例の位置づけ
2. 調査期間
3. 調査の方法

本のタイトルを見なければ，これが何の研究について書かれたものか，さっぱり分かりません。逆にいえば，可読性や魅力を考えなければどんな研究書にも適用できてしまうので，「万能型の見出し」といえるかもしれませんが……。さておき，少なくとも草稿の段階で，こうした目次を目にすることは，珍しくありません。むしろ，本書読者の皆さんの多くが，学術雑誌などに向けた論文では，たいていこのように書いているのではないでしょうか。というのも，こうしたスタイルは，学術雑誌の執筆要綱の中にしばしば指示されていて，いわばそうしたテンプレートに沿って論文を書くことが，多くの学問領域で一般的になっているからです。

学術雑誌のように，読者が狭義の同業者であれば，問題はないのかもしれません。読者にとって，自分が読んでいるのがどんな専門分野かは自明なのですから。しかし，少なくとも「二回り外，三回り外の読者」へ向けて書く学術書の場合，目次を見て，内容が全く摑めないのは，致命的です。「問題意識と論点」「方法と構成」のような投稿論文的な見出しは，本を書くにあたっては，努めて避けるようにしましょう。むしろ「問題意識と論点」という項目にどのような見出しを当てるか考えることで，自分の研究の特徴を端的にあらわす魅力的キーワードを見つけることができ，記述の内容も定まっていく，ということもあるでしょう。筆者は，本のタイトルや見出しを決めることを，「まず旗を立てること」と呼んでいますが，本自体のタイトルから各セクションの見出しに至るまで，そこに向かって書くための目標を定めるためにも，上記のような制度的な見出しは，まず避けるように習慣づけたいものです。

この点に関わって，章（や節）の冒頭に「はじめに」，末尾に「おわりに」と節を立てるのも一般的なスタイルですが，これを目次にしてみると，「はじめに」「おわりに」が連続して，いかにも単なる寄せ集めのような統合度が弱い本と見えてしまいがちです。

■単調さの原因となる「系列羅列型の見出し」「繰り返し型の見出し」

次の例を見てください。これは日本における庭園植栽の通史を始めて記した研究として高く評価された書籍（飛田，2002）のもとになった博士論文（飛田，2000）の見出しです。

第 1 章　飛鳥時代の庭園
第 2 章　奈良時代の庭園
第 3 章　平安前期の庭園
第 4 章　平安中期の庭園
第 5 章　平安後期の庭園
第 6 章　鎌倉時代の庭園
第 7 章　室町前期の庭園
第 8 章　室町後期の庭園
第 9 章　戦国時代の庭園
第 10 章　江戸前期の庭園
第 11 章　江戸中期の庭園
第 12 章　江戸後期の庭園
第 13 章　明治・大正時代の庭園
第 14 章　昭和前期の庭園

歴史学系の研究に限らず，時間や空間（それ以外にもいくつか考えられますが）の系列にしたがって，時代やスケールに応じて対象をさまざまに変えて論じる形の研究の場合，こうした系列軸（この場合時代区分）に沿った見出しが多く見られます。しかし，書籍としては単調になりがちで，各章（この場合は各時代ごと）の特徴が見えにくいという問題があります。

そこでたとえば，各時代ごとの庭園植栽の特徴を表すキーワードを用いて，

第 1 章　マツ・サクラ・カエデの登場 ── 奈良時代の庭園
第 2 章　キク・タケからサクラの愛好へ ── 平安前期の庭園
第 3 章　浄土式庭園の登場 ── 平安中期の庭園
第 4 章　大規模庭園のサクラ ── 平安後期の庭園
第 5 章　新しい美意識の登場 ── 鎌倉時代の庭園 1
第 6 章　京都の影響と植栽の多様化 ── 鎌倉時代の庭園 2
第 7 章　針葉樹の使用 ── 室町前期の庭園
第 8 章　枯山水の発展 ── 室町後期の庭園
第 9 章　美を必要とした戦国武将たち ── 戦国時代の庭園
第 10 章　大規模回遊式庭園の登場 ── 江戸前期の庭園
第 11 章　「社会政策」としての庭園（吉宗の時代）
　　── 江戸中期の庭園
第 12 章　個人経営庭園の増加 ── 江戸後期の庭園
第 13 章　「文人風」から「自然風」へ
　　── 明治・大正時代の庭園
第 14 章　「実用庭園」の流行 ── 昭和前期の庭園

のようにしてみると，時代ごとに変遷する庭園の特徴を一目で摑むことができるでしょう。ただし実際にはこの本（飛田，2002）の場合，章のタイトルは博士論文のままにして，節や項の見出しを工夫して目次に掲載することで，各時代の特徴をよく示しています。いわば，一種の変化球で同じ効果を演出したといえます。

さて，次の例も，学界での評価の高い本ではありますが，目次としては，一工夫欲しい事例です（長田，2013）。

第1章　インダス文明とはなにか
　1　分布と年代をめぐる議論
　2　インダス文明都市と環境
　3　インダス文明の文化的特徴
　4　インダス文明研究の歴史と課題
　5　おわりに
第2章　モヘンジョダロ遺跡とハラッパー遺跡
　1　モヘンジョダロ遺跡とハラッパー遺跡の訪問記
　2　モヘンジョダロ遺跡とハラッパー遺跡はどのように研究されてきたのか
　3　ハラッパー遺跡出土人骨をめぐる新しい研究

一見して「インダス文明」や「モヘンジョダロ遺跡」「ハラッパー遺跡」など，論述の対象となる語が頻出していますが，見出しが繰り返されることで，どうしても単調な印象を与えます。また先述した記述の重複と同様の問題もあるといってよいでしょう。

このように，見出しの単調さは，本を手に取った読者がまず最初に眺める，本の入り口としての目次の魅力を減じることになりがちです。しかし逆にいえば，少しの工夫をすることで単調さを避けることができ，しかも本の魅力を示す効果も大きいので，ぜひ工夫して欲しいところです。

■どんな見出しが求められるか？

ではどのような見出しにすればよいのか？　内容によってさまざまなので，具体的に一覧しにくいのですが，工夫の要点を挙げてみましょう。

1)「二回り外，三回り外」の読者に向けたキーワードで示す

先に挙げた，時代ごとの庭園植栽の特徴を見出しにするような例がこれに当たります。特徴的な概念や事象を端的なキーワード風にすることで，読者にとってはもちろん，書き手にとっても，自らの「売り」を発

見することになる有効な方法でしょう。ただし，挙げたキーワードが余りに専門的で，「二回り外，三回り外」の読者にとって，目次を一見しただけではすぐにピンと来ないようなものは逆効果になるので，注意が必要です。

2）極力議論の「大きさ」を示す

本そのもののタイトルも含めて，「××時代の××地方における××を事例として」「××状態における××の振る舞いについて」など，論述の対象をただ限定するかのような見出しも，しばしば目にします。もちろん，必要があってのことなのですが，ではなぜその対象について述べるのか，「自分がそれについて調べたから」という消極的な態度ではない，その対象ならではの意味，いい換えると，大きな学問的な関心に答える上でその対象を選んだことの意味が明示されるような書き方が必要です。本文の叙述はもちろん，見出しにおいても，自らが論じる対象や方法論の「パラダイム志向的な意味」を示すように工夫したいものです。

3）印象的事例で示す

しかし，対象事例を限定することが逆に効果を挙げることもあります。たとえば，ある時代のある国家政策への人々の反応を論じるような場合，人々一般の傾向を示しつつ，その一つの例として，高名な人物（作家，学者，政治家等々）の名前を挙げて論じるような形です。

このように，見出しの付け方は，簡単にマニュアル化できるようなものではありませんが，先に述べた，制度的な見出しや単調な繰り返しに気をつけていれば，意外と簡単にアイデアが浮かぶものです。効果的な見出し（目次）は，本を開いた時の好印象に大きく貢献しますから，コスト／効果でいえば，最も効果的な工夫といっても過言ではないでしょう。

第5章 多彩な要素で魅力的に演出する

1 本を彩るさまざまな要素

2 コラム —— 本文へ導く

3 注 —— 本文を補足する

4 用語解説 —— 基本を摑ませる

5 多彩な要素をボックスで洗練させる

6 写真 —— 魅力的なキャプションで本文を補完する

「読める」キャプション／口絵で彩りをつける／使わない写真も使える

7 図表 —— 作成意図を明確に

美しい図表は印象を変える

8 各章のリード・キーワード・扉 —— 章の特徴を際立たせる

9 付録（アペンディクス）で理解を助ける

巻頭／巻末

10 その他のさまざまな工夫

読者を想定してテーマを決め，書き出しと可読性に注意しながら書いてみる ──。もちろんこれで本は書けますが，さらに説得的で魅力的な本にするために，本文以外のさまざまな要素にも工夫が必要です。こうした要素は，ややもすると本文の付属物のように思われがちですが，実は本の印象を大きく左右します。本章では，読者層を広げるための多彩な要素を盛り込むことで，学術書を魅力的に演出する方法について考えてみましょう。

1　本を彩るさまざまな要素

書店に並ぶ学術書をめくってみると，単純な文字の羅列，つまり本文のみで構成されているものがいかに多いか，思い知らされます。一方，一般向けの書籍は，レイアウトも賑やかで，視覚的な要素も多く配置されています。一言でいえば「単調な印象」というのが，学術書全般のイメージかもしれません。逆にいえば，魅力的なリズムに欠ける，ということでしょう。

しかしこうした単調になりがちな学術書の中に，本文以外のさまざまな要素 ── 口絵，扉，コラム，注，図表，写真，用語解説など ── を挟むことで，本にリズムが生まれます。可読性を上げて本を豊かにする工夫は，一般書に限らず学術書にも必要だと筆者は考えています。中でも，学術書を「書く」ことに主眼を置いた本書にとって特に焦点を当てたいのが，「コラム」です。

2　コラム ── 本文へ導く

コラムは後述する口絵や写真と同様に，本文を補完したり，本全体への導入にもなります。しばしば，いわゆる息抜きの要素として扱われますが，むしろ，本文の専門性が高い場合や，読者が本文の内容に馴染み

COLUMN

記述言語学の現場から

ツツバ島の一日

ツツバ島の人々は，朝まだ暗いうちにけたたましい鶏の声で目を覚ます．その後しばらくまどろむ．やがて壁の隙間から朝日が射し込むと起き上がり，日課にとりかかる．まず前日に畑から持ち帰ったドライココナツを2つに割り，殻の内側の白い固まりを細かく削り取る．それを鶏や豚，犬に餌として与える．次に自分たちの朝食とするバナナやパパイヤをジャングルで採ると，家族そろって庭で食べる．それから子供は学校へ行き，大人は畑へ行く．学校に行かない子供たちは，畑仕事を手伝うために大人についてゆく．

ツツバ島は楕円の形をし，その中心部が丘になっている．人々の家は海岸沿いにあり，丘の上にある畑までは1時間ほどかかる．畑は決して広くない．ツツバ島のほぼ全ての家庭が，主食にするタロイモと儀式や贈答品としても用いるヤムイモを栽培している．農具は木である．木の先端を鋭利になるように切り落とし，尖った先端部分で地面を掘り起こしてゆく．地面は固く，鍬の代わりの木も重いためにかなりの重労働である．

昼が近づくと人々は掘ったイモをその場で焼いて食べる．喉が渇いたときには，そばのヤシの木に登って実をもぐか，または竹でヤシの実を突いて落とす．そしてヤシの実に穴をあけてじかに口をつけて飲む．グレープフルーツ大のヤシの実の中身は液体であり，この果汁はほのかに甘く畑仕事の水分補給にぴったりである．一休みの後はまた畑仕事に戻り，家族全員の夕食用のイモを掘る．

夕方が近づくと，人々は掘ったイモを麻袋に入れて畑を下り始める．帰り道ではいくつかドライココナツを拾い，木になっているみずみずしいココナツも落として持ち帰る．もしもマンゴーやカカオが熟していたら，子供たちは喜んで木に登る．子供たちにとってはこれら果物がおやつである．ジャングルの虫が鳴き立てる頃に自分の敷地に帰り着くと，人々はすぐに夕食の支度を始める．

夕食は電気がないので薄暗い中，土間または庭先にござを敷いて家族全員でとる．食後には近くの木の小枝を折り，これを爪楊枝にして歯の掃除をしたり，耳かきにして耳の掃除をしたりする．また火のそばに座っていて手元が見えるようであれば，ブッシュナイフを使って爪を切ったりもする．このようなゆったりとした時間を過ごした後は，地下水を汲み上げて水浴び場で順に水浴びをする．1日の汗を流してさっぱりしたら，星空の下で大人は火を囲みおしゃべりをしてくつろぎ，子供たちは追いかけっこなどをして遊ぶ．ときにはそのまま戸外で寝てしまうこともある．

朝一番の仕事，ココナツを細かく削って豚，鶏，犬に与える．

畑を耕す農具は先端を鋭利に切り落とした木．

図5-1　『ツツバ語』のコラム。絶海の孤島で絶滅言語を記録し分析していくための方法が，印象的なエピソードで示されている。

コラム1

市内軌道網を補完した定期船

チャオプラヤー川の急行船（テーウェート・2010年）

出所：筆者撮影

バンコクはかつて「東洋のベニス」と呼ばれてきたように，水運の盛んな都市であった。この水の都で本格的な道路整備が始まっていくのは19世紀半ばのラーマ4世王期以降であり，中でも東のクローントゥーイに至るトゥロン通り（現ラーマ4世通り）と南のバーンコーレームに至るチャルーンクルン通りの2つの道路が，バンコクで最も長距離の道路であった。このうちの，前者に並行してパークナーム鉄道が建設され，後者の上に市内軌道のバーンコーレーム線が敷設された。ラーマ5世王期に整備された市内軌道網の範囲は，いわば当時の道路網が到達した範囲でもあった。

このため，市内軌道に接続する形で，郊外と市内軌道のターミナルを結ぶ定期船が運行されていった。バーンコーレーム線の終点のバーンコーレームが南のターミナル，サームセーン線の終点バーンクラブーが北のターミナルで，チャオプラヤー川を往来する定期船はこれらのターミナルを起点に路線網を伸ばしていた。チャオプラヤー川西岸のトンブリーへは中心部のラーチャウォンやアッサダーン支線の終点から同様に定期船が就航し，川を横断して運河網に入り込んでいた。バンコクの南のプラプラデーンに出現したパークラット軌道は，このような定期船でバンコクの市内軌道網と接続しており，市内軌道と定期船を連携させた都市交通網が整備されていた。

これらの定期船はその後の道路整備によるバス網の拡張の中で消えていったが，バンコクが「水の都」から「陸の都」へと変貌を遂げる過程で，今度は道路混雑が深刻化していった。このため，1960年代末からチャオプラヤー川での急行船の航行が再開され，その後1990年からは市内から東に延びるセーンセーブ運河でも運行が開始された。いずれも混雑する道路交通の代替手段として脚光を浴びるようになり，バンコクの重要な都市交通手段として機能している。筆者がバンコクに滞在する際にも，いつもこのチャオプラヤー川の急行船を利用して宿舎と公文書館の間を往来している。バスと異なり毎日ほぼ同じ時刻で運行しており，所要時間もバスよりはるかに速く，古き良き時代の景観の残る河岸の景色を楽しみながらの通勤が可能である。2011年の平均利用者数はチャオプラヤー川が約3.6万人，セーンセーブ運河が約5.2万人となっており，「水の都」の伝統が現在でも生き残っている。

なお，現在のチャオプラヤー川の急行船も，都市鉄道網を補完する役割を果たしている。BTSのタークシン橋駅がちょうど急行船の船着場の隣に位置しており，通勤・通学客のみならず，チャオプラヤー川沿いの観光地を訪れる観光客も電車と船を乗り継いで移動しているが，仮設駅であるタークシン橋駅の廃止計画が実行されると乗換が不便になろう。

図5-2　『都市交通のポリティクス』のコラム。さまざまな都市交通手段が社会に与える影響について，市民の実生活の現場から生き生きとレポートし，本文を補完している。

の薄い場合にも，読者にコラムを拾い読みしてもらうことで本文にいざなうことができるという点で，より積極的な意味があります。また，本文で記述すると煩雑になってしまうようなより議論を深めた内容や，周辺的な事柄について説明する際にも，有効な方法です。もちろん，研究の苦労話やこぼれ話，研究周辺の話題などコーヒーブレイクとしても使用できますし，後述（第5節）のようにボックスとしてレイアウトしたり，本文と異なるデザインを加えることで，本の印象を視覚的に柔らかくすることもできます。実際，新聞の書評欄で，研究上のエピソードを記した章扉や本文中のコラムが本の魅力として紹介された，インドネシア地方政治の研究書もありますし（吉岡，2015；対象書籍は岡本，2015），国際的な出版賞の授賞式で，選考委員が「私はこの本をコラムから読みました」と紹介した言語学の研究書の例（老川，2012；対象書籍は小田，2012）もあります。このようにコラムは，非常にポテンシャルの高い要素なのです。

たとえば，第2章で紹介した『ツツバ語 —— 記述言語学的研究』（京都大学学術出版会，以下明記しないものは同様）は，南太平洋のツツバ島でのみ話され消滅危機に瀕しているツツバ語を丁寧に記述した記述言語学の研究書です（内藤，2011）。ほとんどの読者が初めて耳にするであろうツツバ語について，500頁を超える本を始めから読むのは，同じ分野を専門とする読者にとっても骨の折れる作業です。ところが，各章末，計12個のコラムが加わることで，まず，親しみやすい印象を与えます。しかも，各コラムは添えられた写真とともに本文への導入として重要な役割を果たしています（図5–1）。「ツツバ島の一日」は，ツツバ島の人々の暮らしを丹念に追い，馴染みのないフィールドを読者にイメージさせますし，「数の数え方」は，基数・序数のような基本的な事柄でも，誰を情報提供者にするかによって記録できる事柄も違ってくることを示してくれます。「命がけのボート」はフィールドへのアクセスの方法を教えてくれますし，「豚の価値」はツツバ島の経済の一端を顕わにします。このように，コラムは，対象となる事柄や現場を読者にイメージさせ，今後，同様の研究をするかもしれない読者にその道筋や大切な方法論を示すものにもなるのです。

また，『都市交通のポリティクス ── バンコク 1886〜2012 年』は，都市交通の持つ諸問題を技術セクターの多様性と政治的利害という観点から実証的に分析した本です（柿崎，2014）。本文に組み込みにくい周辺の事柄を生き生きと描き出すコラムを，写真とともに各章末に掲載しています（図 5-2）。「市内軌道網を補完した定期船」は，著者のバンコクでの主要な交通手段ではあるが本文では扱わなかった船について触れ，「「歩く」ようになったバンコクの人々」は，短距離でも乗り物に乗りたがるバンコクの人々の慣習が都市鉄道によって変わりゆく過程を考察しています。制度や政策だけでなく，技術や人々の暮らしとの関わりでタ

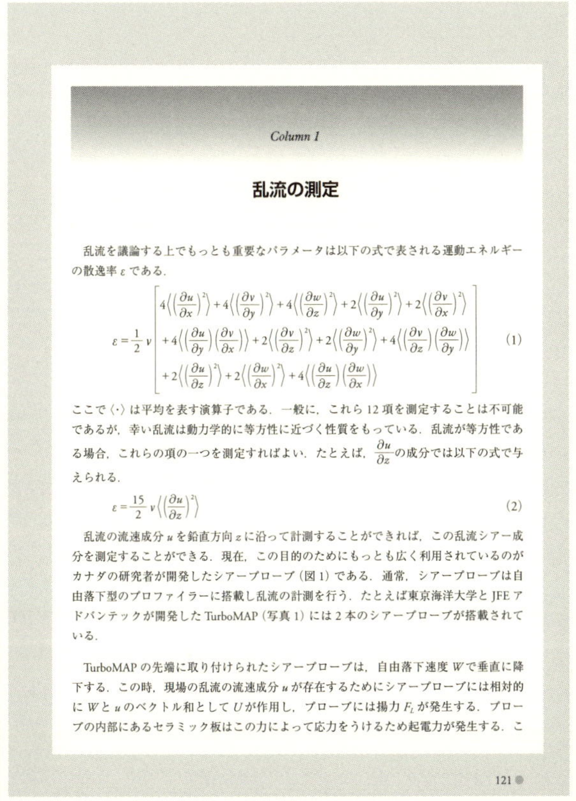
Column 1

乱流の測定

乱流を議論する上でもっとも重要なパラメータは以下の式で表される運動エネルギーの散逸率 ε である．

$$\varepsilon=\frac{1}{2}\nu\left[\begin{array}{l}4\left\langle\left(\frac{\partial u}{\partial x}\right)^2\right\rangle+4\left\langle\left(\frac{\partial v}{\partial y}\right)^2\right\rangle+4\left\langle\left(\frac{\partial w}{\partial z}\right)^2\right\rangle+2\left\langle\left(\frac{\partial u}{\partial y}\right)^2\right\rangle+2\left\langle\left(\frac{\partial v}{\partial x}\right)^2\right\rangle\\+4\left\langle\left(\frac{\partial u}{\partial y}\right)\left(\frac{\partial v}{\partial x}\right)\right\rangle+2\left\langle\left(\frac{\partial v}{\partial z}\right)^2\right\rangle+2\left\langle\left(\frac{\partial w}{\partial y}\right)^2\right\rangle+4\left\langle\left(\frac{\partial v}{\partial z}\right)\left(\frac{\partial w}{\partial y}\right)\right\rangle\\+2\left\langle\left(\frac{\partial u}{\partial z}\right)^2\right\rangle+2\left\langle\left(\frac{\partial w}{\partial x}\right)^2\right\rangle+4\left\langle\left(\frac{\partial u}{\partial z}\right)\left(\frac{\partial w}{\partial x}\right)\right\rangle\end{array}\right] \quad (1)$$

ここで $\langle\cdot\rangle$ は平均を表す演算子である．一般に，これら 12 項を測定することは不可能であるが，幸い乱流は動力学的に等方性に近づく性質をもっている．乱流が等方性である場合，これらの項の一つを測定すればよい．たとえば，$\frac{\partial u}{\partial z}$ の成分では以下の式で与えられる．

$$\varepsilon=\frac{15}{2}\nu\left\langle\left(\frac{\partial u}{\partial z}\right)^2\right\rangle \quad (2)$$

乱流の流速成分 u を鉛直方向 z に沿って計測することができれば，この乱流シアー成分を測定することができる．現在，この目的のためにもっとも広く利用されているのがカナダの研究者が開発したシアープローブ（図 1）である．通常，シアープローブは自由落下型のプロファイラーに搭載し乱流の計測を行う．たとえば東京海洋大学と JFE アドバンテックが開発した TurboMAP（写真 1）には 2 本のシアープローブが搭載されている．

TurboMAP の先端に取り付けられたシアープローブは，自由落下速度 W で垂直に降下する．この時，現場の乱流の流速成分 u が存在するためにシアープローブには相対的に W と u のベクトル和として U が作用し，プローブには揚力 F_L が発生する．プローブの内部にあるセラミック板はこの力によって応力をうけるため起電力が発生する．こ

121

図5-3 『温暖化の湖沼学』のコラム。物理学のトレーニングに欠ける読者に配慮した丁寧な説明を本文に入れてしまうと冗長になるが，このように独立させることですっきりと表現できる。

イの交通史を生き生きと論じるレポートは，狭義の東南アジア政治史を越えた，民族誌としての魅力が本書にあることを見事に示しているといってよいでしょう。

さらにこの本のコラムでは，バスや鉄道を扱っている本文の内容に沿って，見出しをバスの形にしたり，端に鉄道の模様を入れるなどの趣向を凝らしています。本の端にこうした模様を入れると，本を閉じたときにもその箇所が分かるという利点があり，これは辞書のインデックス等に使われる手法です。

『温暖化の湖沼学』は，湖沼独自の物理・化学機構に対する環境変動の影響を明らかにしたもの（永田他，2012）で，五つのコラムが設けられています。湖や沼の物理構造や物質循環は，複雑な水の流れの支配を受けますが，とりわけ「乱流」（現在でも確立された定義のない言葉だそうです）の理解とその測定は，流体を扱う専門家にとっても簡単なことではありません。本文中で触れると煩雑になってしまうそうした事柄をコラムとして独立させたのが，「乱流の測定」です（図 5-3）。本書の内容は，大きく，生物学，地球物理学，地球化学の 3 分野にまたがります。すなわち，ある分野では専門家だが，その他の分野では専門知識に欠けるという読者を対象にしています。「一次生産の測定」「安定同位対比を用いた高次生産者の栄養段階の推定」など，各コラムは，物理学・生態学それぞれの知識を補う役割を担っています。そのような，ある分野にとっては自明の事柄だが，他の分野にとっては既知ではないという事柄を本文から切り離すことで，本文の可読性も上がります。前述の『ツツバ語』のような本文への導入としてのコラムの役割とは異なる手法です。

このように，コラムは単なる息抜きやエピソードではなく，著者の方法論や視点の特徴を明確にし，その本の価値を視覚的に示す手法なのです。

3 注――本文を補足する

注は本文の内容理解を深めるための重要な要素です。前章で述べたように，基本的には，本文で触れるには専門的すぎる記述を注で示すとよいでしょう。ある記述を本文扱いにするか注扱いにするかは迷うところですが，その基準は「本文の流れを損なわないこと」だと筆者は考えています。「二回り外，三回り外」の読者をイメージする際，細かな議論は注にまわし，本筋から読者を離れさせないことが肝要です。領域独自の研究史や，長々とした計算式，後述する用語解説などは注にまわす方がよい場合が多いですし，また本文理解のために必須の知識や，メイン

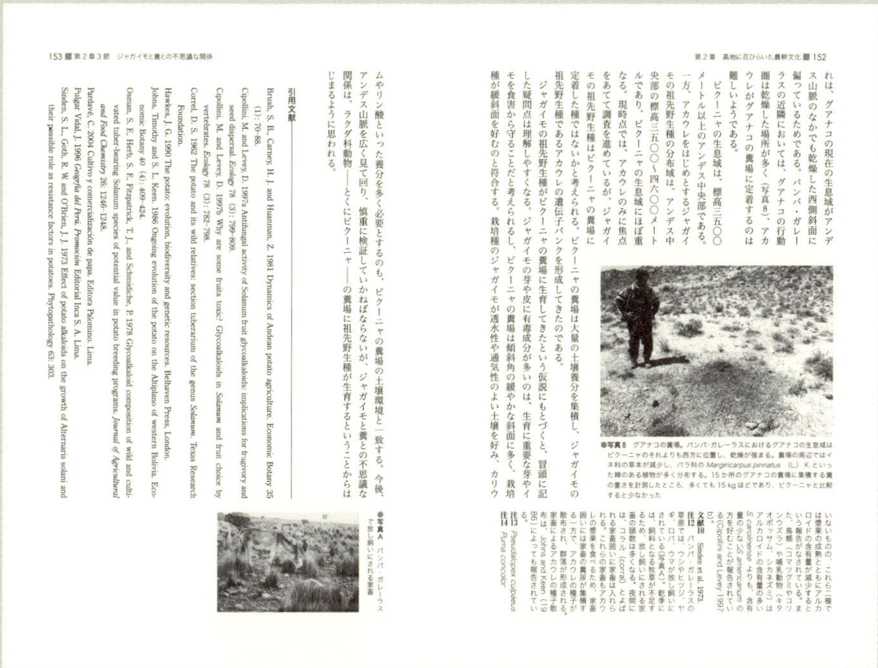

図5-4 『アンデス高地』の注。ページ下部に設けられた余白に写真とともに詳しい説明を配置することで，「百科事典」的な要素を加えている。

のエピソードに絡む事柄は注にまわさず本文中で説明しなければなりません。本筋を見通し，注が本文の流れを妨げず適正に補完するよう，その都度判断が必要です。

形式は通常，脚注や後注（章末・巻末）で示します。図 5-4 のように，縦書きの本で脚注形式にする際，数が少ないと脚注欄が白くあいてしまうため，脚注そのものをボックス（第 5 節参照）にしたり，図表や写真，イラストを入れるなどの工夫をすることもあります。

ところで，注番号の付け方にはいくつかの方法がありますが，学術書の場合，制作の工程も考慮した方法をとることが大事です。本全体で通し番号をつけるスタイルもしばしば見られますが，推敲や校正の過程で追加や削除による番号のズレが発生すると，その修正に手間がかかりミスが発生しがちです。その点では，注番号は章ごとにするなど区切りがある方がよいでしょう。また，参照・引用した文献について示す方法には，いわゆるハーバード方式（本文中に著者，刊行年を括弧で示す形式）とドキュメント・ノート法（番号をつけて注で示す形式）とがありますが，後者の場合は工夫が必要です。文献は，校正の回数を重ねるうちに新たなものが出版され追加したくなるものですが，他の説明注を巻き込んで番号のズレが起こらないよう，注番号と文献番号を分けておけば最低限の作業で済みます。

たとえば『アンデス高地』（山本，2007）は，アンデス高地の豊かな自然と人々の暮らしを，地誌・農耕牧畜・民族誌などから包括的に集成した本で，注は「注 1」「文献 1」などと分け，脚注の形で節ごとに番号を通しています（図 5-4）。本文で「アカウレ（イモの仲間）が有毒成分のアルカロイドをもつ」との記述に対し，注ではアルカロイドの含有量の種による違いや，それを食べる鳥類・哺乳類の反応の違いについて詳細な報告をしています。また，写真や図版も入れるなど，多くの要素を含んだ脚注欄にすることで，視覚的な面白さも演出しています。

4 用語解説——基本を摑ませる

前章で述べたように，「二回り外，三回り外」の読者を想定するのであれば，領域固有の用語については説明が必要です。本文中に括弧書きで示してももちろんよいのですが，煩雑になる場合は本文と切り離して独立させましょう。

たとえば『総説　宇宙天気』(柴田・上出，2011）は，人工衛星，宇宙通信，地上電力系などに深刻な障害をもたらし，宇宙飛行士や航空機の乗客・乗務員の健康にも影響を与える激しい太陽嵐の正確な予報（宇宙天気予報）について扱った本で，それだけに，対象となる読者は，宇宙

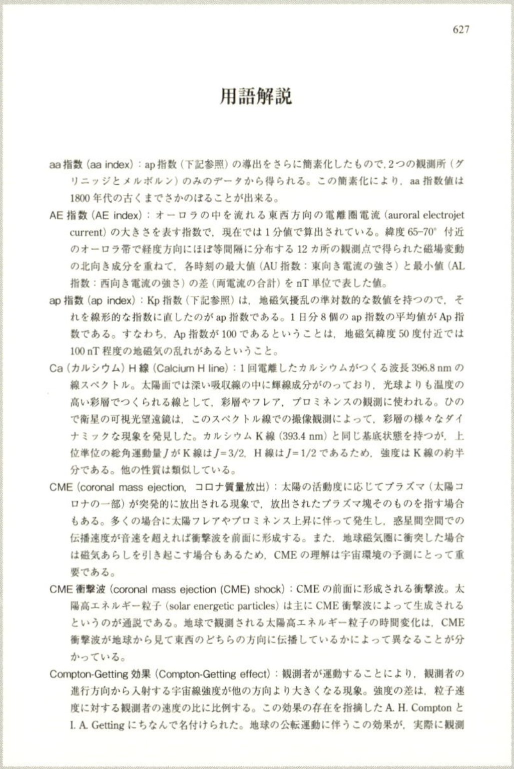
627

用語解説

aa 指数 (aa index)：ap 指数（下記参照）の導出をさらに簡素化したもので，2つの観測所（グリニッジとメルボルン）のみのデータから得られる。この簡素化により，aa 指数値は 1800 年代の古くまでさかのぼることが出来る。

AE 指数 (AE index)：オーロラの中を流れる東西方向の電離圏電流 (auroral electrojet current) の大きさを表す指数で，現在では 1 分値で算出されている。緯度 65–70° 付近のオーロラ帯で経度方向にほぼ等間隔に分布する 12 カ所の観測点で得られた磁場変動の北向き成分を重ねて，各時刻の最大値 (AU 指数：東向き電流の強さ) と最小値 (AL 指数：西向き電流の強さ) の差 (両電流の合計) を nT 単位で表した値。

ap 指数 (ap index)：Kp 指数（下記参照）は，地磁気擾乱の準対数的な数値を持つので，それを線形的な指数に直したのが ap 指数である。1 日分 8 個の ap 指数の平均値が Ap 指数である。すなわち，Ap 指数が 100 であるということは，地磁気緯度 50 度付近では 100 nT 程度の地磁気の乱れがあるということ。

Ca（カルシウム）H 線 (Calcium H line)：1 回電離したカルシウムがつくる波長 396.8 nm の線スペクトル。太陽面では深い吸収線の中に輝線成分がのっており，光球よりも温度の高い彩層でつくられる線として，彩層やフレア，プロミネンスの観測に使われる。ひので衛星の可視光望遠鏡は，このスペクトル線での撮像観測によって，彩層の様々なダイナミックな現象を発見した。カルシウム K 線 (393.4 nm) と同じ基底状態を持つが，上位準位の総角運動量 J が K 線は $J=3/2$，H 線は $J=1/2$ であるため，強度は K 線の約半分である。他の性質は類似している。

CME (coronal mass ejection，コロナ質量放出)：太陽の活動度に応じてプラズマ（太陽コロナの一部）が突発的に放出される現象で，放出されたプラズマ塊そのものを指す場合もある。多くの場合に太陽フレアやプロミネンス上昇に伴って発生し，惑星間空間での伝播速度が音速を超えれば衝撃波を前面に形成する。また，地球磁気圏に衝突した場合は磁気あらしを引き起こす場合もあるため，CME の理解は宇宙環境の予測にとって重要である。

CME 衝撃波 (coronal mass ejection (CME) shock)：CME の前面に形成される衝撃波。太陽高エネルギー粒子 (solar energetic particles) は主に CME 衝撃波によって生成されるというのが通説である。地球で観測される太陽高エネルギー粒子の時間変化は，CME 衝撃波が地球から見て東西のどちらの方向に伝播しているかによって異なることが分かっている。

Compton-Getting 効果 (Compton-Getting effect)：観測者が運動することにより，観測者の進行方向から入射する宇宙線強度が他の方向より大きくなる現象。強度の差は，粒子速度に対する観測者の速度の比に比例する。この効果の存在を指摘した A. H. Compton と I. A. Getting にちなんで名付けられた。地球の公転運動に伴うこの効果が，実際に観測

図5-5 『総説　宇宙天気』の用語解説。専門的なトレーニングレベルが十分でない読者が，簡単に参照できるよう工夫された，キーワード集になっている。

【昆虫の社会】
こんちゅうのしゃかい

神経系の発達という観点からは、脊椎動物と無脊椎動物の間には大きな相違がある。無脊椎動物には、アリなどの昆虫やタコなどの軟体動物を除いて、中枢神経系つまり脳が発達していない。その行動はいわゆる本能行動であり、生後の学習によって行動を修正することはあまり得意でない。

無脊椎動物には単独生活をするものがもっとも多い。親が卵を産みっぱなしにせず、子育てをはじめたとき、社会が出現する可能性が生まれる。生き物は自己の遺伝子のコピーをできる限りたくさん残そうとする。その方法の第一は、片親（通常は母親）だけが子育てする場合である。たとえば、アシナガバチである。第二に、雌雄の親が子育てに協力することである。クワガタムシには、夫婦で子育てをする種類がいる。第三に、血縁者（とくに弟妹）を育てる、という方法がある。遺伝子のコピーをたくさん残すためには必ずしも自分で子どもをつくる必要はない。昆虫の社会には、この第三の繁殖法をとる種が、複雑な社会をつくる。ここで「複雑」という意味は、大きな個体数をもつことと、分業がみられることを指す。大きなコロニーをつくる社会性昆虫には、膜翅目（アリやハチ）、等翅目（シロアリ）、半翅目（アブラムシ）がある。ミツバチなどのコロニー社会では、女王蜂と王蜂だけが子どもをつくり、受精卵からは雌ばかり生まれる。女王が無精卵を産卵した場合は雄になる。そして、雌は働き蜂のカースト（ワーカー）として、子どもをつくらず、ひたすら母親（女王）の子ども、つまり自分の弟妹を世話する。かれらは、自分の繁殖を犠牲にして、親の繁殖のために奉仕するのである。それゆえ、これを「真社会性」の昆虫とよぶ（142頁参照）。アリやハチの真社会性の昆虫の社会は、成員が社会全体に貢献する有様があまりに見事なので、社会全体を「超個体的個体」とよび、社会全体が一つの個体に相当するのだという見方さえある。

第七章
148

【鳥類の一夫一婦制】
ちょうるいのいっぷいっぷせい

多くの鳥は繁殖期に番（つがい）を形成し、交尾し産卵し、雌雄が交代で卵を暖めたり、あるいは抱卵している雌に雄が食物を分配したりする。ヒナが成鳥になると、夫婦は単独生活に戻るか、大きな「群がり」の一員となって、協力関係は終わる。そして、次の繁殖期になると、同じペアがまた協力関係に入ることが多い。鳥類の九〇％は単雄単雌群をつくる。これは、体外受精のため、雄も子育てに参加できること、飛行という生活様式をとるために早く成長する必要があり、そのために雄の協力が必要になったと考えられる。最近のDNA分析による親子判定の研究から、一夫一婦（単雄単雌）と考えられている多くの鳥類が、「夫」も「妻」も配偶者を裏切って浮気をすることがよくあることがわかってきた。仲のよい人間の夫婦をよく「オシドリ夫婦」とよぶが、オシドリも「婚外性交」する点では例外ではない。

【順位】
じゅんい

二〇世紀初頭に、シェルデラップ・エッベは、食物をめぐるニワトリの間のあらそいのさい、一定の法則性があることに気づいた。誰が誰をつつくかを群れ全員の間で調べると、たいてい直線的な順位が成立していたので、これを「つつきの順位」と名づけた。個体間のこういった優劣関係は、その後多くの脊椎動物で発見された。食物、異性、なわばりなど、生存と繁殖のために必要な「資源」は有限である。そのため、「資源」は同種の個体間で競争の対象となる。競争には、「消費型」と「干渉型」がある（57頁参照）。干渉型の競争のさい、同じ集団のメンバーのように、お互いをよく知っている個体間では、直接の闘争をおこなわないことが多い。弱い個体は強い相手と争っても無意味だし、強い個体も怪我のリスクや、時間とエネルギーのコストもある。資源を獲得し保持する能力には個体差があり、そのためにできた優先権の序列を順位とよび、闘争を避けるのに用いられる。

社会の多様性
149

図5–6　『新しい教養のすすめ　生物学』(昭和堂)の用語解説。レイアウトも工夫され，それ自体がコラムのように独立した読み物として見えるようにもなっている。

物理学，天文学から，情報工学，交通工学にまでわたる広い領域の研究者，実務家です。つまり，読者の知識・トレーニングのレベルもさまざまです。そこで，巻末に本書の理解に必要な基礎的な用語の解説をまとめて示しています (図 5–5)。

また，『新しい教養のすすめ　生物学』(昭和堂) は，生物多様性を広く見るための目を育てる入門書で (西田・佐藤，2003)，各章末に読み応えのある用語解説を掲載しています (図 5–6)。

登場回数の少ない用語の解説は，本文の該当箇所に注やボックスで示してもよいでしょう。該当箇所でのみ示すか，途中に読み物として入れるか，巻末や章末にまとめて参照させるか，本の性格によって判断が必

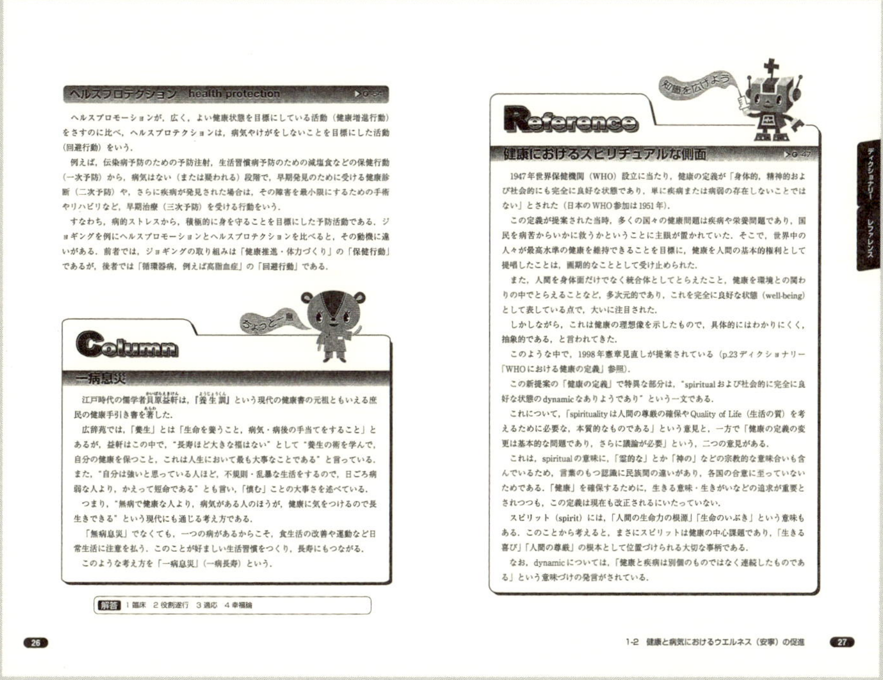
ヘルスプロテクション health protection ▶G-54

ヘルスプロモーションが，広く，よい健康状態を目標にしている活動（健康増進行動）をさすのに比べ，ヘルスプロテクションは，病気やけがをしないことを目標にした活動（回避行動）をいう．

例えば，伝染病予防のための予防注射，生活習慣病予防のための減塩食などの保健行動（一次予防）から，病気はない（または疑われる）段階で，早期発見のために受ける健康診断（二次予防）や，さらに疾病が発見された場合は，その障害を最小限にするための手術やリハビリなど，早期治療（三次予防）を受ける行動をいう．

すなわち，病的ストレスから，積極的に身を守ることを目標にした予防活動である．ジョギングを例にヘルスプロモーションとヘルスプロテクションを比べると，その動機に違いがある．前者では，ジョギングの取り組みは「健康推進・体力づくり」の「保健行動」であるが，後者では「循環器病，例えば高脂血症」の「回避行動」である．

Column

一病息災

江戸時代の儒学者貝原益軒（かいばらえきけん）は，『養生訓（ようじょうくん）』という現代の健康書の元祖ともいえる庶民の健康手引き書を著（あらわ）した．

広辞苑では，「養生」とは「生命を養うこと，病気・病後の手当てをすること」とあるが，益軒はこの中で，"長寿ほど大きな福はない" として "養生の術を学んで，自分の健康を保つこと，これは人生において最も大事なことである" と言っている．また，"自分は強いと思っている人ほど，不規則・乱暴な生活をするので，日ごろ病弱な人より，かえって短命である" とも言い，「慎む」ことの大事さを述べている．

つまり，"無病で健康な人より，病気がある人のほうが，健康に気をつけるので長生きできる" という現代にも通じる考え方である．

「無病息災」でなくても，一つの病があるからこそ，食生活の改善や運動など日常生活に注意を払う．このことが好ましい生活習慣をつくり，長寿にもつながる．

このような考え方を「一病息災」（一病長寿）という．

解答 1 臨床 2 役割遂行 3 適応 4 幸福論

26

Reference

健康におけるスピリチュアルな側面 ▶G-47

1947年世界保健機関（WHO）設立に当たり，健康の定義が「身体的，精神的および社会的にも完全に良好な状態であり，単に疾病または病弱の存在しないことではない」とされた（日本のWHO参加は1951年）．

この定義が提案された当時，多くの国々の健康問題は疾病や栄養問題であり，国民を病苦からいかに救うかということに主眼が置かれていた．そこで，世界中の人々が最高水準の健康を維持できることを目標に，健康を人間の基本的権利として提唱したことは，画期的なこととして受け止められた．

また，人間を身体面だけでなく統合体としてとらえたこと，健康を環境との関わりの中でとらえることなど，多次元的であり，これを完全に良好な状態（well-being）として表している点で，大いに注目された．

しかしながら，これは健康の理想像を示したもので，具体的にはわかりにくく，抽象的である，と言われてきた．

このような中で，1998年憲章見直しが提案されている（p.23ディクショナリー「WHOにおける健康の定義」参照）．

この新提案の「健康の定義」で特異な部分は，"spiritualおよび社会的に完全に良好な状態のdynamicなありようであり" という一文である．

これについて，「spiritualityは人間の尊厳の確保やQuality of Life（生活の質）を考えるために必要な，本質的なものである」という意見と，一方で「健康の定義の変更は基本的な問題であり，さらに議論が必要」という，二つの意見がある．

これは，spiritualの意味に，「霊的な」とか「神の」などの宗教的な意味合いも含んでいるため，言葉のもつ認識に民族間の違いがあり，各国の合意に至っていないためである．「健康」を確保するために，生きる意味・生きがいなどの追求が重要とされつつも，この定義は現在も改正されるにいたっていない．

スピリット（spirit）には，「人間の生命力の根源」「生命のいぶき」という意味もある．このことから考えると，まさにスピリットは健康の中心課題であり，「生きる喜び」「人間の尊厳」の根本として位置づけられる大切な事柄である．

なお，dynamicについては，「健康と疾病は別個のものではなく連続したものである」という意味づけの発言がされている．

ディクショナリー　レファレンス

1-2 健康と病気におけるウエルネス（安寧）の促進 27

図5-7 『まとめてわかる看護学概論』（メディカ出版）の囲みボックス。看護現場に役立つ発展的・実践的内容を視覚的に独立させることで，実用的な印象を高めている。

要です。

5 多彩な要素をボックスで洗練させる

ここでいうボックスとは，上記のような多彩な内容を，囲み・網掛け・罫線等で本文と区別して示す手法で，本文中にボックスを入れることで，紙面にアクセントを演出できます。注や用語解説などの比較的小さなものから，半頁大のコラムや人物紹介，1頁大から見開き以上の補論まで，多様な要素を入れることができます。こうしたレイアウトの手法

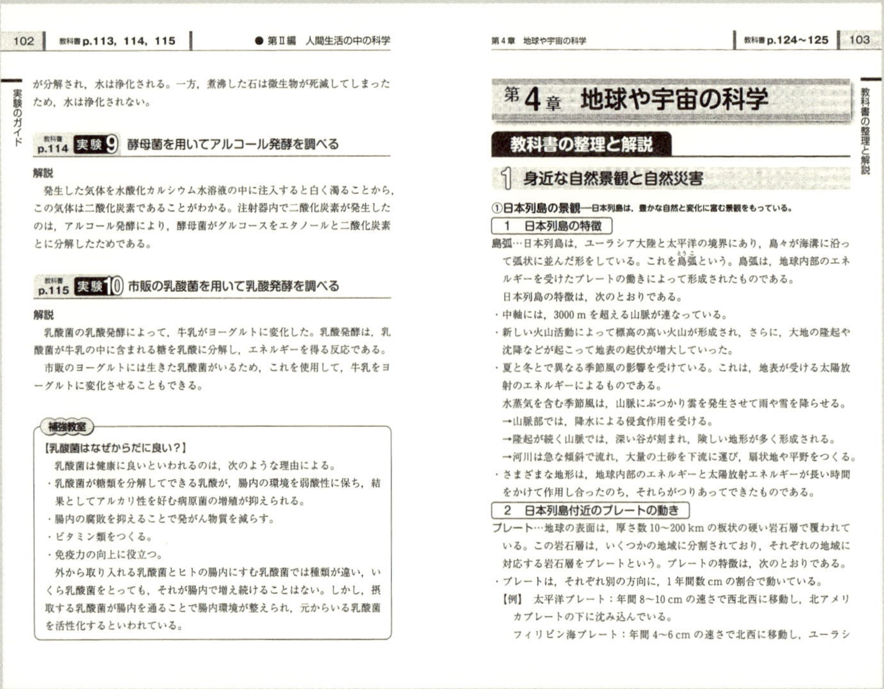

102　教科書 p.113, 114, 115　● 第II編　人間生活の中の科学

実験のガイド

が分解され，水は浄化される。一方，煮沸した石は微生物が死滅してしまったため，水は浄化されない。

教科書 p.114 実験9 酵母菌を用いてアルコール発酵を調べる

解説

発生した気体を水酸化カルシウム水溶液の中に注入すると白く濁ることから，この気体は二酸化炭素であることがわかる。注射器内で二酸化炭素が発生したのは，アルコール発酵により，酵母菌がグルコースをエタノールと二酸化炭素とに分解したためである。

教科書 p.115 実験10 市販の乳酸菌を用いて乳酸発酵を調べる

解説

乳酸菌の乳酸発酵によって，牛乳がヨーグルトに変化した。乳酸発酵は，乳酸菌が牛乳の中に含まれる糖を乳酸に分解し，エネルギーを得る反応である。

市販のヨーグルトには生きた乳酸菌がいるため，これを使用して，牛乳をヨーグルトに変化させることもできる。

補強教室

【乳酸菌はなぜからだに良い?】

乳酸菌は健康に良いといわれるのは，次のような理由による。

・乳酸菌が糖類を分解してできる乳酸が，腸内の環境を弱酸性に保ち，結果としてアルカリ性を好む病原菌の増殖が抑えられる。
・腸内の腐敗を抑えることで発がん物質を減らす。
・ビタミン類をつくる。
・免疫力の向上に役立つ。

外から取り入れる乳酸菌とヒトの腸内にすむ乳酸菌では種類が違い，いくら乳酸菌をとっても，それが腸内で増え続けることはない。しかし，摂取する乳酸菌が腸内を通ることで腸内環境が整えられ，元からいる乳酸菌を活性化するといわれている。

第4章　地球や宇宙の科学　教科書 p.124〜125　103

教科書の整理と解説

第4章　地球や宇宙の科学

教科書の整理と解説

1 身近な自然景観と自然災害

①日本列島の景観―日本列島は，豊かな自然と変化に富む景観をもっている。

1　日本列島の特徴

島弧…日本列島は，ユーラシア大陸と太平洋の境界にあり，島々が海溝に沿って弧状に並んだ形をしている。これを島弧(とうこ)という。島弧は，地球内部のエネルギーを受けたプレートの働きによって形成されたものである。

日本列島の特徴は，次のとおりである。

・中軸には，3000 m を超える山脈が連なっている。
・新しい火山活動によって標高の高い火山が形成され，さらに，大地の隆起や沈降などが起こって地表の起伏が増大していった。
・夏と冬とで異なる季節風の影響を受けている。これは，地表が受ける太陽放射のエネルギーによるものである。

水蒸気を含む季節風は，山脈にぶつかり雲を発生させて雨や雪を降らせる。

→山脈部では，降水による侵食作用を受ける。

→隆起が続く山脈では，深い谷が刻まれ，険しい地形が多く形成される。

→河川は急な傾斜で流れ，大量の土砂を下流に運び，扇状地や平野をつくる。

・さまざまな地形は，地球内部のエネルギーと太陽放射エネルギーが長い時間をかけて作用し合ったのち，それらがつりあってできたものである。

2　日本列島付近のプレートの動き

プレート…地球の表面は，厚さ数 10〜200 km の板状の硬い岩石層で覆われている。この岩石層は，いくつかの地域に分割されており，それぞれの地域に対応する岩石層をプレートという。プレートの特徴は，次のとおりである。

・プレートは，それぞれ別の方向に，1 年間数 cm の割合で動いている。

【例】　太平洋プレート：年間 8〜10 cm の速さで西北西に移動し，北アメリカプレートの下に沈み込んでいる。

フィリピン海プレート：年間 4〜6 cm の速さで北西に移動し，ユーラシ

図5-8　『教科書ガイド』(文研出版)の囲みボックス。高校生向けの自習書だが，読者の関心をどう引くか，いわゆる「つかみ」の工夫を知るためには，こうした中・高校生向けの教材も，学術書ライティングの参考になる。

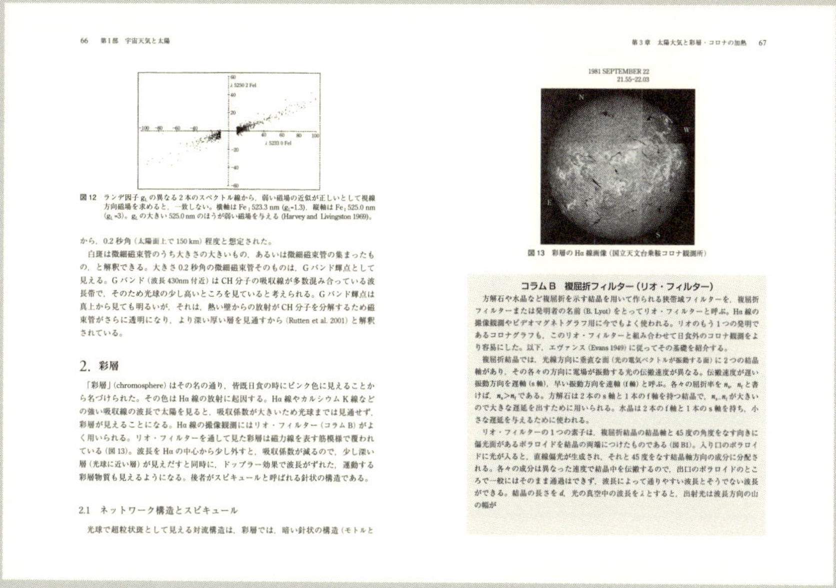

66 第1部 宇宙天気と太陽

図12 ランデ因子 g_L の異なる2本のスペクトル線から，弱い磁場の近似が正しいとして視線方向磁場を求めると，一致しない。横軸は Fe_I 523.3 nm (g_L=1.3)，縦軸は Fe_I 525.0 nm (g_L=3)。g_L の大きい 525.0 nm のほうが弱い磁場を与える (Harvey and Livingston 1969)。

から，0.2 秒角（太陽面上で 150 km）程度と想定された。

白斑は微細磁束管のうち大きさの大きいもの，あるいは微細磁束管の集まったもの，と解釈できる。大きさ 0.2 秒角の微細磁束管そのものは，G バンド輝点として見える。G バンド（波長 430nm 付近）は CH 分子の吸収線が多数混み合っている波長帯で，そのため光球の少し高いところを見ていると考えられる。G バンド輝点は真上から見ても明るいが，それは，熱い壁からの放射が CH 分子を分解するため磁束管がさらに透明になり，より深い厚い層を見通すから（Rutten et al. 2001）と解釈されている。

2. 彩層

「彩層」(chromosphere) はその名の通り，皆既日食の時にピンク色に見えることから名づけられた。その色は Hα 線の放射に起因する。Hα 線やカルシウム K 線などの強い吸収線の波長で太陽を見ると，吸収係数が大きいため光球までは見通せず，彩層が見えることになる。Hα 線の撮像観測にはリオ・フィルター（コラム B）がよく用いられる。リオ・フィルターを通して見た彩層は磁力線を表す筋模様で覆われている（図 13）。波長を Hα の中心から少し外すと，吸収係数が減るので，少し深い層（光球に近い層）が見えだすと同時に，ドップラー効果で波長がずれた，運動する彩層物質も見えるようになる。後者がスピキュールと呼ばれる針状の構造である。

2.1 ネットワーク構造とスピキュール

光球で超粒状斑として見える対流構造は，彩層では，暗い針状の構造（モトルと

第3章 太陽大気と彩層・コロナの加熱 67

1981 SEPTEMBER 22
21.55–22.03

図13 彩層の Hα 線画像（国立天文台乗鞍コロナ観測所）

コラム B 複屈折フィルター（リオ・フィルター）

方解石や水晶など複屈折を示す結晶を用いて作られる狭帯域フィルターを，複屈折フィルターまたは発明者の名前 (B. Lyot) をとってリオ・フィルターと呼ぶ。Hα 線の撮像観測やビデオマグネトグラフ用に今でもよく使われる。リオのもう1つの発明であるコロナグラフも，このリオ・フィルターと組み合わせて日食外のコロナ観測をより容易にした。以下，エヴァンス (Evans 1949) に従ってその基礎を紹介する。

複屈折結晶では，光線方向に垂直な面（光の電気ベクトルが振動する面）に2つの結晶軸があり，その各々の方向に電場が振動する光の伝搬速度が異なる。伝搬速度が遅い振動方向を遅軸（s 軸），早い振動方向を速軸（f 軸）と呼ぶ。各々の屈折率を n_s，n_f と書けば，$n_s > n_f$ である。方解石は2本の s 軸と1本の f 軸を持つ結晶で，$n_s - n_f$ が大きいので大きな遅延を出すために用いられる。水晶は2本の f 軸と1本の s 軸を持ち，小さな遅延を与えるために使われる。

リオ・フィルターの1つの素子は，複屈折結晶の結晶軸と 45 度の角度をなす向きに偏光面があるポラロイドを結晶の両端につけたものである（図 B1）。入り口のポラロイドに光が入ると，直線偏光が生成され，それと 45 度をなす結晶軸方向の成分に分配される。各々の成分は異なった速度で結晶中を伝搬するので，出口のポラロイドのところで一般にはそのまま通過はできず，波長によって通りやすい波長とそうでない波長ができる。結晶の長さを d，光の真空中の波長を λ とすると，出射光は波長方向の山の幅が

図5–9 『総説 宇宙天気』の網掛けボックス。「網掛け」と呼ぶ手法で，コラムを，すっきりとかつ明示的にレイアウトしている。

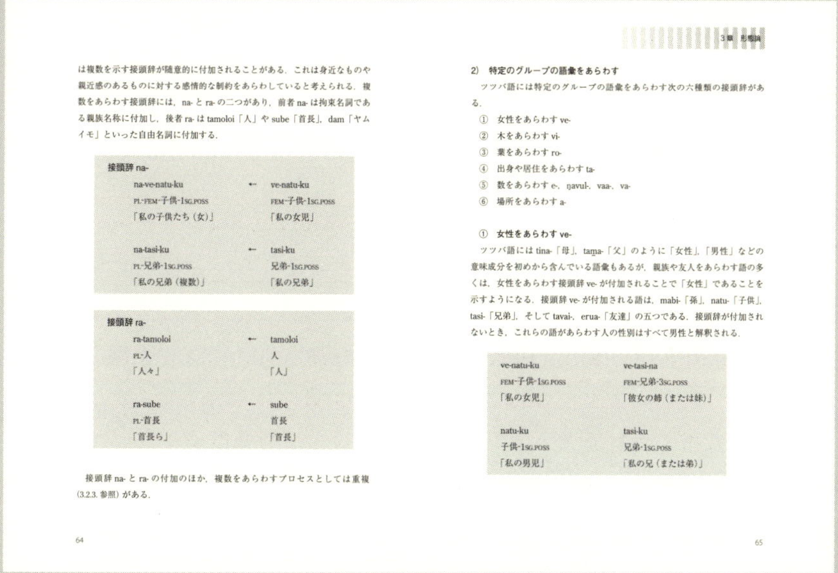

は複数を示す接頭辞が随意的に付加されることがある．これは身近なものや親近感のあるものに対する感情的な制約をあらわしていると考えられる．複数をあらわす接頭辞には，na- と ra- の二つがあり，前者 na- は拘束名詞である親族名称に付加し，後者 ra- は tamoloi「人」や sube「首長」，dam「ヤムイモ」といった自由名詞に付加する．

接頭辞 na-

na-ve-natu-ku	←	ve-natu-ku
PL-FEM-子供-1SG.POSS		FEM-子供-1SG.POSS
「私の子供たち（女）」		「私の女児」
na-tasi-ku	←	tasi-ku
PL-兄弟-1SG.POSS		兄弟-1SG.POSS
「私の兄弟（複数）」		「私の兄弟」

接頭辞 ra-

ra-tamoloi	←	tamoloi
PL-人		人
「人々」		「人」
ra-sube	←	sube
PL-首長		首長
「首長ら」		「首長」

接頭辞 na- と ra- の付加のほか，複数をあらわすプロセスとしては重複（3.2.3. 参照）がある．

64

3章 形態論

2) 特定のグループの語彙をあらわす

ツツバ語には特定のグループの語彙をあらわす次の六種類の接頭辞がある．

① 女性をあらわす ve-
② 木をあらわす vi-
③ 葉をあらわす ro-
④ 出身や居住をあらわす ta-
⑤ 数をあらわす e-，ŋavul-，vaa-，va-
⑥ 場所をあらわす a-

① 女性をあらわす ve-

ツツバ語には tina-「母」，taṃa-「父」のように「女性」，「男性」などの意味成分を初めから含んでいる語彙もあるが，親族や友人をあらわす語の多くは，女性をあらわす接頭辞 ve- が付加されることで「女性」であることを示すようになる．接頭辞 ve- が付加される語は，mabi-「孫」，natu-「子供」，tasi-「兄弟」，そして tavai-，erua-「友達」の五つである．接頭辞が付加されないとき，これらの語があらわす人の性別はすべて男性と解釈される．

ve-natu-ku	ve-tasi-na
FEM-子供-1SG.POSS	FEM-兄弟-3SG.POSS
「私の女児」	「彼女の姉（または妹）」
natu-ku	tasi-ku
子供-1SG.POSS	兄弟-1SG.POSS
「私の男児」	「私の兄（または弟）」

65

図5–10 『ツツバ語』の網掛けボックス。議論のポイントに関わる事例を効果的に示し，本文にリズムを加える要素にもなっている。

第Ⅱ章　ニュートンの運動法則　27

（1）運動の3法則

Ⅰ. **慣性の法則**：他の物体から十分はなれて何の作用も受けない物体は加速度のない運動をする.

Ⅱ. **運動の法則**：物体の運動量の変化は作用する力の大きさに比例し，その力の方向に起きる.

Ⅲ. **作用・反作用の法則**：作用には必ず反作用が伴い，2物体が互いに及ぼし合う作用は大きさが等しく逆向きである.

ここで“作用”や“力”という言葉が出てくる. ニュートンはⅠの慣性を物質の「固有力」ともよんでいる. これに対するものとしてⅡでの「力」は外力であり「外力とは物体の状態を，静止していようと直線上を一様に動いていようと，変えるために，物体に及ぼされる作用である. この力は作用のうちにだけあって，作用が終わればもう物体には残っていない. なぜなら，物体はあらゆる新しい状態をその固有力だけによって維持するものだからである. そして，外力は，打撃からとか，圧力からとか，向心力からとか，さまざまな原因による.」と，明快に述べている.

（『*PRINCIPIA*』の冒頭，定義iv）

この3つの法則において，慣性系，慣性質量，運動量等の概念が導入される. その論理を以下に箇条書き的に示そう.

◆ 慣性系

Ⅰの慣性の法則は,「物体が他から作用を受けないとき，等速度運動または静止している」ことを表すが，これは，そのことを認識する座標系の存在を必要とする. すなわち第Ⅰ法則は「力を受けない物体が加速度のない運動をしていると観測される座標系が存在する」ことを主張している. 第Ⅰ法則は慣性（座標）系の宣言である.

われわれの生活空間，地表で静止した座標系はほぼ慣性系とみなせる. ある静止した座標系に対して等速度で運動する座標系も慣性系である. どちらの座標系で見ても何の作用も受けていない物体は静止または等速度運動しているか

図5-11 『科学のセンスをつかむ物理学の基礎』のボックス。飾り罫でハイライトするのも，効果的な手法である。

を知っておくことも，魅力的な本を書く際に役立ちます。

たとえば，看護学生のための教材『まとめてわかる看護学概論』（メディカ出版）（G supple 編集委員会他，2005）では，さまざまなトピックスを取り上げたコラムや，発展的な内容を扱ったレファレンスを囲みボックスで入れていますし（図5–7），狭義の学術書ではありませんが，高校生向け教材『教科書ガイド』（文研出版）では，「補強教室」として，囲みボックスで教科書の理解が深まるような事柄が示されています（図5–8）。

また，前述の『総説　宇宙天気』では網掛けボックスでコラムを入れていますし（図5–9），『ツツバ語』でも網掛けボックスを多用していま

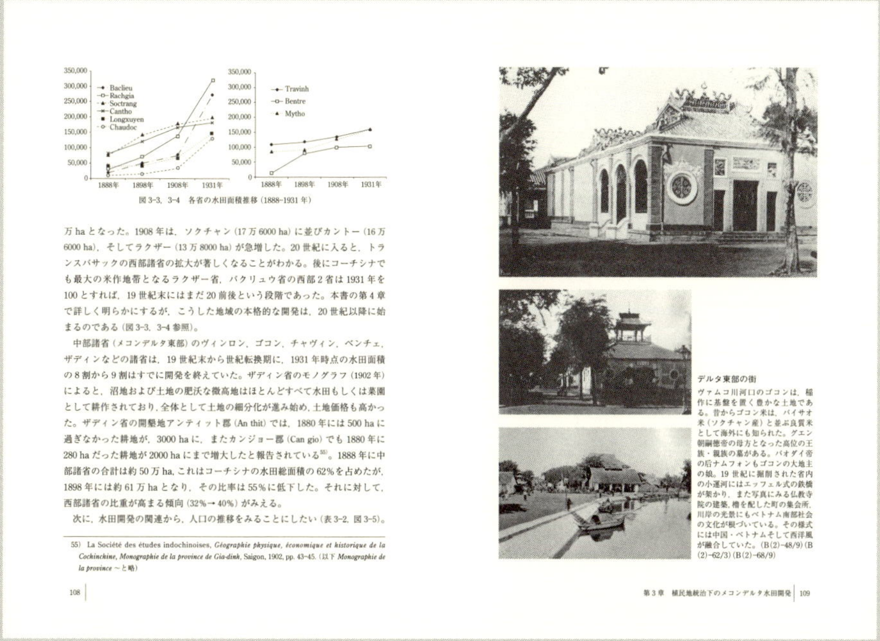

図 3-3，3-4　各省の水田面積推移（1888-1931 年）

万 ha となった。1908 年は，ソクチャン（17 万 6000 ha）に並びカントー（16 万 6000 ha），そしてラクザー（13 万 8000 ha）が急増した。20 世紀に入ると，トランスバサックの西部諸省の拡大が著しくなることがわかる。後にコーチシナでも最大の米作地帯となるラクザー省，バクリュウ省の西部 2 省は 1931 年を 100 とすれば，19 世紀末にはまだ 20 前後という段階であった。本書の第 4 章で詳しく明らかにするが，こうした地域の本格的な開発は，20 世紀以降に始まるのである（図 3-3，3-4 参照）。

中部諸省（メコンデルタ東部）のヴィンロン，ゴコン，チャヴィン，ベンチェ，ザディンなどの諸省は，19 世紀末から世紀転換期に，1931 年時点の水田面積の 8 割から 9 割はすでに開発を終えていた。ザディン省のモノグラフ（1902 年）によると，沼地および土地の肥沃な微高地はほとんどすべて水田もしくは菜園として耕作されており，全体として土地の細分化が進み始め，土地価格も高かった。ザディン省の開墾地アンティット郡（An thit）では，1880 年には 500 ha に過ぎなかった耕地が，3000 ha に，またカンジョー郡（Can gio）でも 1880 年に 280 ha だった耕地が 2000 ha にまで増大したと報告されている[55]。1888 年に中部諸省の合計は約 50 万 ha，これはコーチシナの水田総面積の 62% を占めたが，1898 年には約 61 万 ha となり，その比率は 55% に低下した。それに対して，西部諸省の比重が高まる傾向（32%→40%）がみえる。

次に，水田開発の関連から，人口の推移をみることにしたい（表 3-2，図 3-5）。

55）La Société des études indochinoises, *Géographie physique, économique et historique de la Cochinchine, Monographie de la province de Gia-dinh*, Saigon, 1902, pp. 43-45.（以下 *Monographie de la province* ～と略）

108

デルタ東部の街

ヴァムコ川河口のゴコンは，稲作に基盤を置く豊かな土地である。昔からゴコン米は，バイサオ米（ソクチャン産）と並ぶ良質米として海外にも知られた。グエン朝嗣徳帝の母方となった高位の王族・親族の墓がある。バオダイ帝の后ナムフォンもゴコンの大地主の娘。19 世紀に掘削された省内の小運河にはエッフェル式の鉄橋が架かり，また写真にみる仏教寺院の建築，楷を配した町の集会所，川岸の光景にもベトナム南部社会の文化が根づいている。その様式には中国・ベトナムそして西洋風が融合していた。（B(2)-48/9）（B(2)-62/3）（B(2)-68/9）

第 3 章　植民地統治下のメコンデルタ水田開発　109

図5-12 『メコンデルタの大土地所有』の写真とキャプション。本文に直接には接続しないが，本文で取り上げる地域や時代を象徴的に示す古い写真に，長めのコメントを添えることで，本文の内容が視覚的にイメージされる。

す（図 5-10）。『科学のセンスをつかむ物理学の基礎』はエネルギーの概念を軸に物理学の基礎を学び，科学のセンスを身につけるための教科書（林，2006）で，引用や発展的内容，余談などを飾り罫で示しています（図 5-11）。

6　写真——魅力的なキャプションで本文を補完する

写真とキャプションは本文のイメージを膨らませるだけでなく，本の印象を深め，ストーリー付ける効果的な要素です。写真が不要と思われる分野でも，できるだけ入れる努力をしたいものです。写真自体はもちろん，筆者はキャプションも重視しています。

■「読める」キャプション

単に本文を補完したり説明するものにとどまらない，それだけで独立して読めるキャプションをつけることで，コラムと同様，本文の導入として用いることができます。本をパラパラとめくり写真とキャプションを読んでいくだけで本の内容がイメージできれば，読者をより獲得しやすくなります。たとえば『メコンデルタの大土地所有』は，ベトナムの社会主義下では禁忌とされたメコンデルタの大土地所有制に関する研究を初めて本格的にまとめたものですが（高田，2014），経済史，土地制度史の手堅い論述の合間に，長めのキャプションを付した多くの写真を配置しています。（図 5-12）。これらの写真がなくても，研究上はもちろん十分な内容でしょう。しかし，各章で扱った地域・時代が視覚的にイメージできる写真を多めに配置することで，新旧メコンデルタの姿を生き生きと浮かび上がらせています。必ずしも本文の記述に直接接続しなくても，本全体のストーリー，著者からのメッセージを伝える視覚素材は，本のインパクトを左右する重要な要素だといって，間違いありません。

もちろん本文で充分な説明がされている際など，本によってはシンプルな 1 行のキャプションが効果的なこともあります。

■口絵で彩りをつける

巻頭の口絵は，本に彩りをつけ，本の道案内ともなります。よくあるのは，「カラーでないと意味の摑めない図版や写真を示すためにカラー口絵を設ける」という事例ですが，それだけではもったいないでしょう。口絵自体のストーリー性も重視して，魅力的な写真とキャプションを上手に配置して作成することが重要です。『草の根グローバリゼーション』は，フィリピン山奥に住むイフガオ族が，グローバリゼーションの波に翻弄される日本とは裏腹に，市場経済をしたたかに飼い慣らす

図5-13 『草の根グローバリゼーション』のカラー口絵。口絵に見出しと長いコメントをつけることで，わずか4頁で，本書の議論の流れをつかむことができるようになっている。

図5-14 『海域世界の地域研究』のカラー頁。美しい海洋の世界を対象とした本書のような場合，ある程度の贅沢な構成も効果をあげるが，それだけに写真のクオリティも問われる。

様を描いた参与型の民族誌で（清水，2013），世界遺産に登録されたイフガオの美しい棚田から，植林運動を進めるNPO，イフガオの正装や伝統家屋，日本との交流，グローバルに活躍する村人を口絵として掲載しています（図5-13）。本書の場合は，口絵1頁ごとに見出しが付いていますが，それによって，本書全体の議論の流れが，わずか4頁で簡潔に表現されています。

また，贅沢にカラーを使った例として，『海域世界の地域研究』を挙げておきます。文字を持たなかった人々の強い移動分散性を特徴とする，東南アジアの海域・島嶼世界の特性の生成と変容を，考古学的方法を駆使してあぶり出したもの（小野，2011）で，各章の間の4頁をカラーとし，それぞれ鮮やかな写真をふんだんに用いて，章末コラム1頁・見開き章扉2頁・章リード1頁で構成されています（図5–14）。

■使わない写真も使える

上述したように，写真の類いは，必ずしも本文の内容と密に接続しなくても，工夫によっては研究対象や研究の特徴を生き生きと想起させる要素になり得ます。内容と直接関係のないフィールドの写真や研究風景の写真なども，コラムや章の扉に配置することで，主役を演じる可能性があるのです。もちろん，レイアウト上の余白を埋めたり，挿絵代わりに使うこともできます。ですから，不要なものと最初からはずしてしまわずに，できるだけ積極的に利用方法を考えてみるのがよいでしょう。

7 図表──作成意図を明確に

図表を作成する際は，機械的にではなく，意図を明確にすることが重要です。グラフである変化を示したいとき，プロットの仕方によってはうまく伝わらないことがあります。作成意図が読者に正しく伝わる方法で示しましょう。

■美しい図表は印象を変える

さらに，できるだけシンプルで美しい図表作成を心がけたいものです。1枚の図の中に多くの要素が重なり合うような場合は別々の図に分けて見やすくする，専門的すぎる場合は本文中には簡略化した図表を示し，詳細を巻末の付録にまわす（後述）などの気遣いも必要です。

図表の作成は Microsoft Word, Excel, PowerPoint 等でされることが多いと思います。通常は著者が作成した図版はそのまま印刷されるわけではな

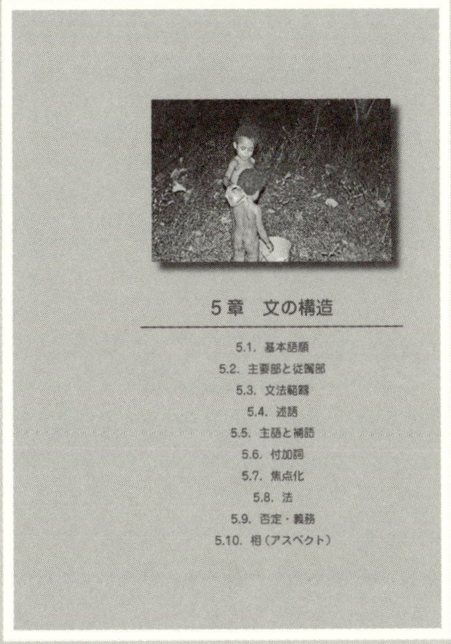

5章　文の構造

5.1. 基本語順
5.2. 主要部と従属部
5.3. 文法範疇
5.4. 述語
5.5. 主語と補語
5.6. 付加詞
5.7. 焦点化
5.8. 法
5.9. 否定・義務
5.10. 相（アスペクト）

図5-15　『ツツバ語』の章扉。節見出しの一覧が，キーワード集の役割を果たしている。

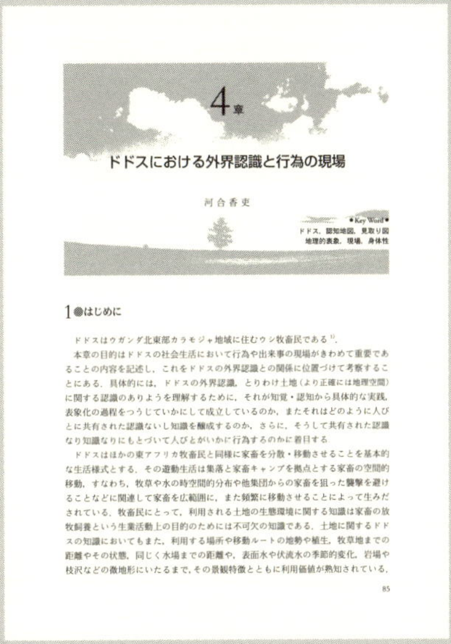

4章

ドドスにおける外界認識と行為の現場

河合香吏

●Key Word●
ドドス，認知地図，見取り図
地理的表象，現場，身体性

1●はじめに

ドドスはウガンダ北東部カラモジャ地域に住むウシ牧畜民である[1]．

本章の目的はドドスの社会生活において行為や出来事の現場がきわめて重要であることの内容を記述し，これをドドスの外界認識との関係に位置づけて考察することにある．具体的には，ドドスの外界認識，とりわけ土地（より正確には地理空間）に関する認識のありようを理解するために，それが知覚・認知から具体的な実践，表象化の過程をつうじていかにして成立しているのか，またそれはどのように人びとに共有された認識ないし知識を醸成するのか，さらに，そうして共有された認識なり知識なりにもとづいて人びとがいかに行為するのかに着目する．

ドドスはほかの東アフリカ牧畜民と同様に家畜を分散・移動させることを基本的な生活様式とする．その遊動生活は集落と家畜キャンプを拠点とする家畜の空間的移動，すなわち，牧草や水の時空間的分布や他集団からの家畜を狙った襲撃を避けることなどに関連して家畜を広範囲に，また頻繁に移動させることによって生みだされている．牧畜民にとって，利用される土地の生態環境に関する知識は家畜の放牧飼養という生業活動上の目的のためには不可欠の知識である．土地に関するドドスの知識においてもまた，利用する場所や移動ルートの地勢や植生，牧草地までの距離やその状態，同じく水場までの距離や，表面水や伏流水の季節的変化，岩場や枝沢などの微地形にいたるまで，その景観特徴とともに利用価値が熟知されている．

85

図5-16　『生きる場の人類学』の章見出し。あえて学術雑誌風にキーワードを配置することで，議論のポイントを示している。

く，出版社側でトレス（再作成）し，本文と相性のよいフォント・大きさで文字を調整し加工します。この際，文字を打ち直すことも多いため，後の校正の際には注意してチェックしましょう。また複雑すぎてトレスができない場合でも，図表のタイトル周りや背景のデザインを工夫するだけで美しく示すことができますから，図版の掲載について，出版社に細かな指示を出すのも効果的です。図表は本によっては数多く紙面に登場するため，こうした小さな気遣いで，本の印象が大きく変わります。

また，カラーでないと意味が取れないと思える図版でも，図中で使われるシンボルの形や線の種類を変えることによってモノクロで表現できることがあります。図表の入稿の仕方に関しては第7章でも詳しく述べますので，そこも参照してください。

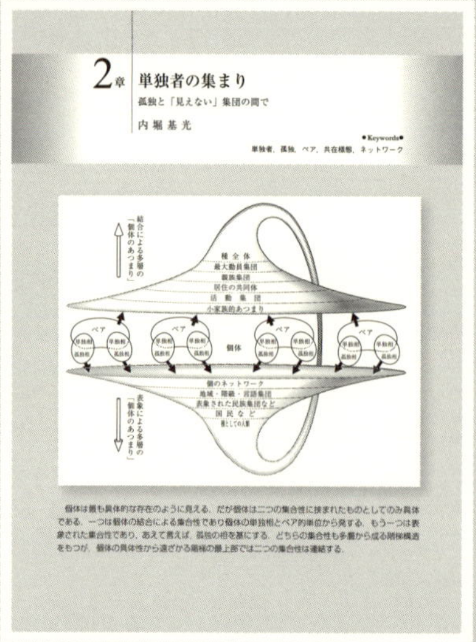

図5-17 『集団―人類社会の進化』の章扉。キーワードとともに，章の内容を1枚の概念図で示す工夫が加えられている。

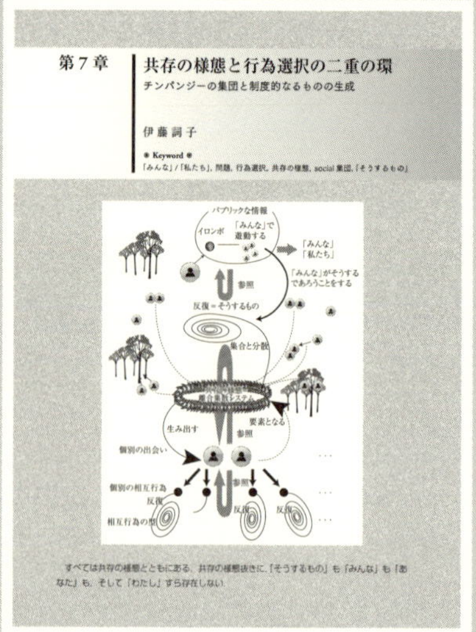

図5-18 『制度―人類社会の進化』の章扉。『集団』と同様，章の冒頭に概念図を配置することで，分野横断的な議論に特徴的な各執筆者のアプローチの特徴が，明示的に示されている。

8　各章のリード・キーワード・扉――章の特徴を際立たせる

章扉は文字通り，その章の世界へ読者を導きます。ここにリード文，節見出し一覧，キーワードなどを入れることで，本の中へ読者を引きこむ効果的な導入とすることができます。前述の『海域世界の地域研究』と『科学のセンスをつかむ物理学の基礎』では，章扉裏にリード文を入れ，『ツツバ語』では章扉に節見出しの一覧を入れています（図5-15)。『生きる場の人類学』『集団 ―― 人類社会の進化』『制度 ―― 人類社会の進化』は，社会人類学，生態人類学，霊長類学の三つの分野から参加した，ほぼ同じ研究者によるグループが進めている一連の研究を時々に刊行したものですが（河合，2007；2009；2013)，いずれも扉頁に特徴があります。あえて学術雑誌的な形式でキーワードを付して，各章の特徴を示す（図5-16)，さらには，各章の内容を1枚の図として示してみるなどの工夫で，

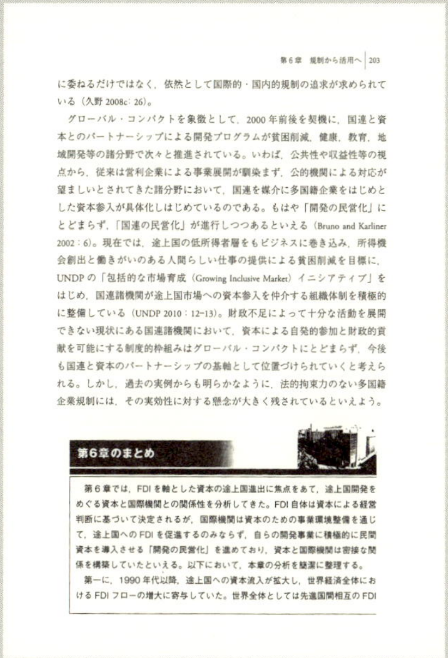

第6章　規制から活用へ｜203

に委ねるだけではなく，依然として国際的・国内的規制の追求が求められている（久野 2008c：26）。

グローバル・コンパクトを象徴として，2000年前後を契機に，国連と資本とのパートナーシップによる開発プログラムが貧困削減，健康，教育，地域開発等の諸分野で次々と推進されている。いわば，公共性や収益性等の視点から，従来は営利企業による事業展開が馴染まず，公的機関による対応が望ましいとされてきた諸分野において，国連を媒介に多国籍企業をはじめとした資本参入が具体化しはじめているのである。もはや「開発の民営化」にとどまらず，「国連の民営化」が進行しつつあるといえる（Bruno and Karliner 2002：6）。現在では，途上国の低所得者層をもビジネスに巻き込み，所得機会創出と働きがいのある人間らしい仕事の提供による貧困削減を目標に，UNDP の「包括的な市場育成（Growing Inclusive Market）イニシアティブ」をはじめ，国連諸機関が途上国市場への資本参入を仲介する組織体制を積極的に整備している（UNDP 2010：12–13）。財政不足によって十分な活動を展開できない現状にある国連諸機関において，資本による自発的参加と財政的貢献を可能にする制度的枠組みはグローバル・コンパクトにとどまらず，今後も国連と資本のパートナーシップの基軸として位置づけられていくと考えられる。しかし，過去の実例からも明らかなように，法的拘束力のない多国籍企業規制には，その実効性に対する懸念が大きく残されているといえよう。

第6章のまとめ

第6章では，FDI を軸とした資本の途上国進出に焦点をあて，途上国開発をめぐる資本と国際機関との関係性を分析してきた。FDI 自体は資本による経営判断に基づいて決定されるが，国際機関は資本のための事業環境整備を通じて，途上国への FDI を促進するのみならず，自らの開発事業に積極的に民間資本を導入させる「開発の民営化」を進めており，資本と国際機関は密接な関係を構築していたといえる。以下において，本章の分析を簡潔に整理する。

第一に，1990年代以降，途上国への資本流入が拡大し，世界経済全体における FDI フローの増大に寄与していた。世界全体としては先進国間相互の FDI

図5-19　『国際機関の政治経済学』の章まとめ。重複した内容も，このように独立したボックス風にレイアウトすることで，重複感が和らぎ可読性が上がる。

微妙に重なりつつ違っている三つの分野それぞれの議論の特徴をよく示しています（図 5–17，5–18）。

また前章で述べたように，各章のまとめを重複感を避けながら書くには工夫がいりますが，ボックスにして，独立させてしまうという方法があります。『国際機関の政治経済学』は，表面的には見えにくい国際機関の組織構造や特性に着目することで，国際機関による市場形成の実情を解説した本（池島，2014）で，この手法をとっています（図 5–19）。

9　付録（アペンディクス）で理解を助ける

ボックスにするなどしてレイアウトを工夫しても，本文の付近には入れにくい内容の事柄や，本文を読み進める中で何度も参照させたい図表などは，アペンディクスとして巻頭や巻末にまとめて付すとよいでしょ

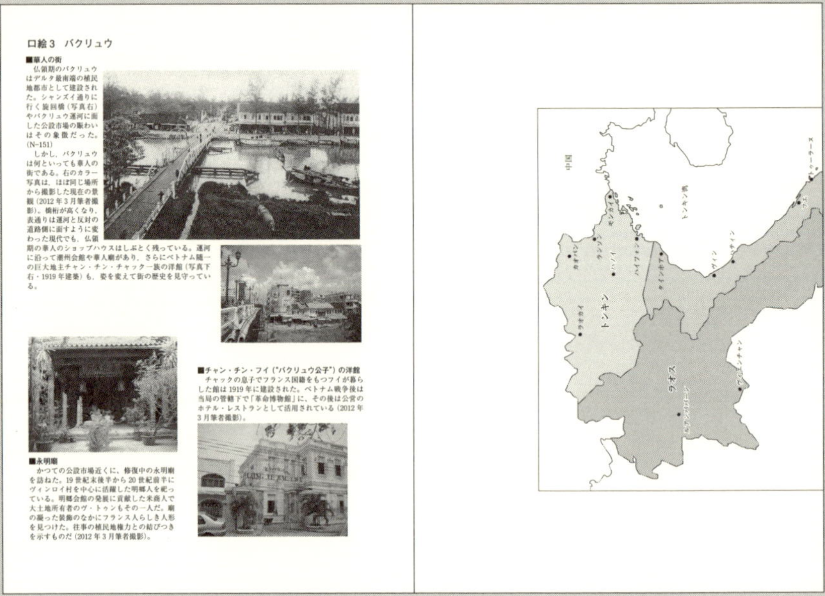

口絵3　バクリュウ

■華人の街

仏領期のバクリュウはデルタ最南端の植民地都市として建設された。シャンズイ通りに行く旋回橋（写真右）やバクリュウ運河に面した公設市場の賑わいはその象徴だった。(N–151)

しかし，バクリュウは何といっても華人の街である。右のカラー写真は，ほぼ同じ場所から撮影した現在の景観（2012年3月筆者撮影）。橋桁が高くなり，表通りは運河と反対の道路側に面すように変わった現代でも，仏領期の華人のショップハウスはしぶとく残っている。運河に沿って潮州会館や華人廟があり，さらにベトナム随一の巨大地主チャン・チン・チャック一族の洋館（写真下右・1919年建築）も，姿を変えて街の歴史を見守っている。

■チャン・チン・フイ（"バクリュウ公子"）の洋館

チャックの息子でフランス国籍をもつフイが暮らした館は1919年に建設された。ベトナム戦争後は当局の管轄下で「革命博物館」に，その後は公営のホテル・レストランとして活用されている（2012年3月筆者撮影）。

■永明廟

かつての公設市場近くに，修復中の永明廟を訪ねた。19世紀末後半から20世紀前半にヴィンロイ村を中心に活躍した明郷人を祀っている。明郷会館の発展に貢献した米商人で大土地所有者のヴ・トゥンもその一人だ。廟の凝った装飾のなかにフランス人らしき人形を見つけた。往事の植民地権力との結びつきを示すものだ（2012年3月筆者撮影）。

図5–20　『メコンデルタの大土地所有』の折り込み。本文全体の理解に関わる情報が，巻頭に示される。

う。

■巻頭

本全体に関わる地図，フローチャート，人物相関図など，本文を読む際に前提となる知識を示す要素は，巻頭に配置するのがよいでしょう。前述の『メコンデルタの大土地所有』では，舞台となる仏領インドシナ行政図と，仏領期メコンデルタの主要河川と運河の地図をカラー口絵の後に折り込みで入れています（図5–20）。また，『科学のセンスをつかむ物理学の基礎』では，初期自然学から熱力学第2法則までの物理学の歴史的流れをフローチャートにして，同様に折り込みで入れています（図5–21）。

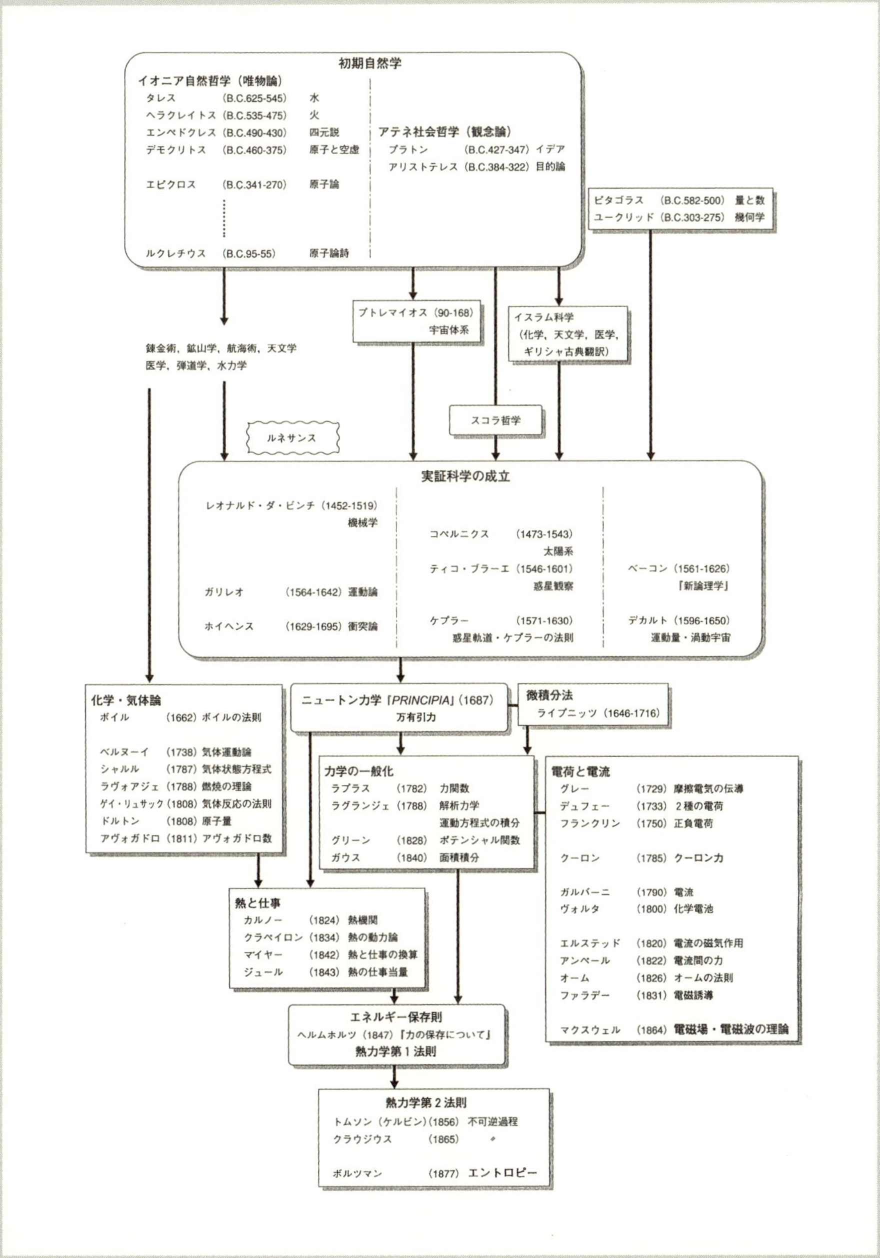
初期自然学
イオニア自然哲学（唯物論）
タレス (B.C.625-545) 水
ヘラクレイトス (B.C.535-475) 火
エンペドクレス (B.C.490-430) 四元説
デモクリトス (B.C.460-375) 原子と空虚
エピクロス (B.C.341-270) 原子論
ルクレチウス (B.C.95-55) 原子論詩
アテネ社会哲学（観念論）
プラトン (B.C.427-347) イデア
アリストテレス (B.C.384-322) 目的論
ピタゴラス (B.C.582-500) 量と数
ユークリッド (B.C.303-275) 幾何学
プトレマイオス (90-168)
宇宙体系
イスラム科学
(化学，天文学，医学，
ギリシャ古典翻訳)
錬金術，鉱山学，航海術，天文学
医学，弾道学，水力学
スコラ哲学
ルネサンス
実証科学の成立
レオナルド・ダ・ビンチ (1452-1519)
機械学
ガリレオ (1564-1642) 運動論
ホイヘンス (1629-1695) 衝突論
コペルニクス (1473-1543)
太陽系
ティコ・ブラーエ (1546-1601)
惑星観察
ケプラー (1571-1630)
惑星軌道・ケプラーの法則
ベーコン (1561-1626)
『新論理学』
デカルト (1596-1650)
運動量・渦動宇宙
化学・気体論
ボイル (1662) ボイルの法則
ベルヌーイ (1738) 気体運動論
シャルル (1787) 気体状態方程式
ラヴォアジェ (1788) 燃焼の理論
ゲイ・リュサック (1808) 気体反応の法則
ドルトン (1808) 原子量
アヴォガドロ (1811) アヴォガドロ数
ニュートン力学『PRINCIPIA』(1687)
万有引力
微積分法
ライプニッツ (1646-1716)
力学の一般化
ラプラス (1782) 力関数
ラグランジェ (1788) 解析力学
運動方程式の積分
グリーン (1828) ポテンシャル関数
ガウス (1840) 面積積分
電荷と電流
グレー (1729) 摩擦電気の伝導
デュフェー (1733) 2種の電荷
フランクリン (1750) 正負電荷
クーロン (1785) クーロン力
ガルバーニ (1790) 電流
ヴォルタ (1800) 化学電池
エルステッド (1820) 電流の磁気作用
アンペール (1822) 電流間の力
オーム (1826) オームの法則
ファラデー (1831) 電磁誘導
マクスウェル (1864) 電磁場・電磁波の理論
熱と仕事
カルノー (1824) 熱機関
クラペイロン (1834) 熱の動力論
マイヤー (1842) 熱と仕事の換算
ジュール (1843) 熱の仕事当量
エネルギー保存則
ヘルムホルツ (1847)『力の保存について』
熱力学第1法則
熱力学第2法則
トムソン（ケルビン）(1856) 不可逆過程
クラウジウス (1865) 〃
ボルツマン (1877) エントロピー

図5-21 『科学のセンスをつかむ物理学の基礎』の折り込み。物理学の基礎理論の歴史的関係性をフローチャートで示すことで，読者の基礎的理解を促すよう工夫されている。

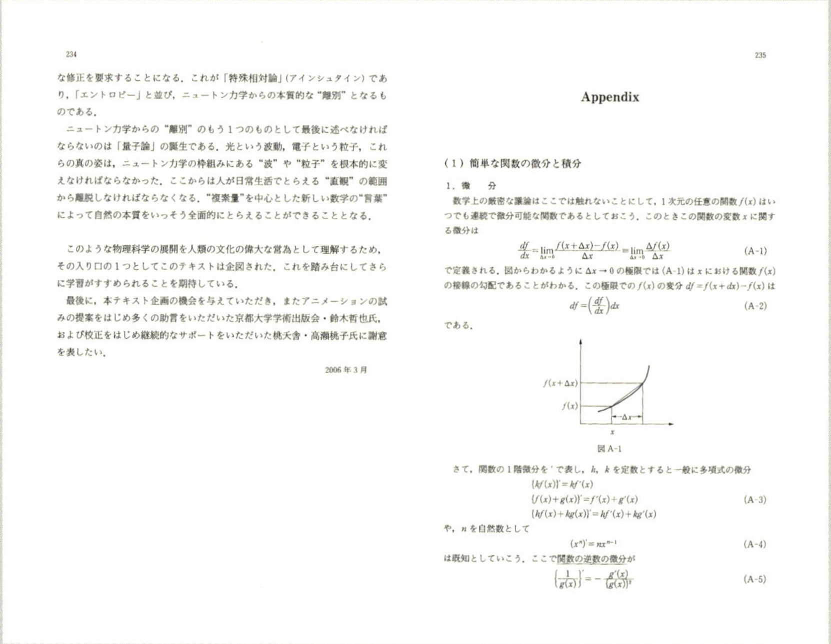

234

な修正を要求することになる．これが「特殊相対論」(アインシュタイン) であり，「エントロピー」と並び，ニュートン力学からの本質的な“離別”となるものである．

ニュートン力学からの“離別”のもう１つのものとして最後に述べなければならないのは「量子論」の誕生である．光という波動，電子という粒子，これらの真の姿は，ニュートン力学の枠組みにある“波”や“粒子”を根本的に変えなければならなかった．ここからは人が日常生活でとらえる“直観”の範囲から離脱しなければならなくなる．“複素量”を中心とした新しい数学の“言葉”によって自然の本質をいっそう全面的にとらえることができることとなる．

このような物理科学の展開を人類の文化の偉大な営為として理解するため，その入り口の１つとしてこのテキストは企図された．これを踏み台にしてさらに学習がすすめられることを期待している．

最後に，本テキスト企画の機会を与えていただき，またアニメーションの試みの提案をはじめ多くの助言をいただいた京都大学学術出版会・鈴木哲也氏，および校正をはじめ継続的なサポートをいただいた桃夭舎・高瀬桃子氏に謝意を表したい．

2006 年 3 月

235

Appendix

(1) 簡単な関数の微分と積分

1．微　　分

数学上の厳密な議論はここでは触れないことにして，1 次元の任意の関数 $f(x)$ はいつでも連続で微分可能な関数であるとしておこう．このときこの関数の変数 x に関する微分は

$$\frac{df}{dx}=\lim_{\Delta x\to 0}\frac{f(x+\Delta x)-f(x)}{\Delta x}\equiv\lim_{\Delta x\to 0}\frac{\Delta f(x)}{\Delta x} \quad \text{(A-1)}$$

で定義される．図からわかるように $\Delta x \to 0$ の極限では (A-1) は x における関数 $f(x)$ の接線の勾配であることがわかる．この極限での $f(x)$ の変分 $df=f(x+dx)-f(x)$ は

$$df=\left(\frac{df}{dx}\right)dx \quad \text{(A-2)}$$

である．

図 A-1

さて，関数の 1 階微分を ′ で表し，h，k を定数とすると一般に多項式の微分

$$\{kf(x)\}'=kf'(x)$$
$$\{f(x)+g(x)\}'=f'(x)+g'(x) \quad \text{(A-3)}$$
$$\{hf(x)+kg(x)\}'=hf'(x)+kg'(x)$$

や，n を自然数として

$$(x^n)'=nx^{n-1} \quad \text{(A-4)}$$

は既知としていこう．ここで関数の逆数の微分が

$$\left\{\frac{1}{g(x)}\right\}'=-\frac{g'(x)}{\{g(x)\}^2} \quad \text{(A-5)}$$

図5-22　『科学のセンスをつかむ物理学の基礎』の巻末では，本文の理解の前提になる，高校レベルの数学について解説されている。「二回り外，三回り外」の読者を想定するときには，こうした教科書的な工夫も必要になる。

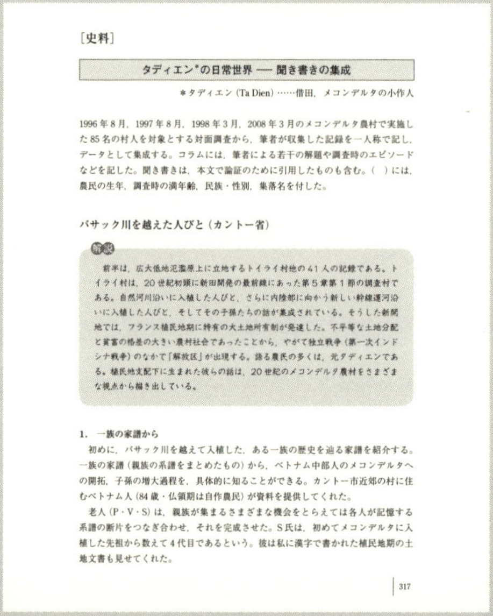

［史料］

タディエン*の日常世界 ── 聞き書きの集成

＊タディエン (Ta Dien) ……借田，メコンデルタの小作人

1996 年 8 月，1997 年 8 月，1998 年 3 月，2008 年 3 月のメコンデルタ農村で実施した 85 名の村人を対象とする対面調査から，筆者が収集した記録を一人称で記し，データとして集成する。コラムには，筆者による若干の解題や調査時のエピソードなどを記した。聞き書きは，本文で論証のために引用したものも含む。(　) には，農民の生年，調査時の満年齢，民族・性別，集落名を付した。

バサック川を越えた人びと (カントー省)

解説

前半は，広大低地氾濫原上に立地するトイライ村他の 41 人の記録である。トイライ村は，20 世紀初頭に新田開発の最前線にあった第 5 章第 1 節の調査村である。自然河川沿いに入植した人びと，さらに内陸部に向かう新しい幹線運河沿いに入植した人びと，そしてその子孫たちの話が集成されている。そうした新開地では，フランス植民地期に特有の大土地所有制が発達した。不平等な土地分配と貧富の格差の大きい農村社会であったことから，やがて独立戦争 (第一次インドシナ戦争) のなかで「解放区」が出現する。語る農民の多くは，元タディエンである。植民地支配下に生まれた彼らの話は，20 世紀のメコンデルタ農村をさまざまな視点から描き出している。

1.　一族の家譜から

初めに，バサック川を越えて入植した，ある一族の歴史を辿る家譜を紹介する。一族の家譜 (親族の系譜をまとめたもの) から，ベトナム中部人のメコンデルタへの開拓，子孫の増大過程を，具体的に知ることができる。カントー市近郊の村に住むベトナム人 (84 歳・仏領期は自作農民) が資料を提供してくれた。

老人 (P・V・S) は，親族が集まるさまざまな機会をとらえては各人が記憶する系譜の断片をつなぎ合わせ，それを完成させた。S 氏は，初めてメコンデルタに入植した先祖から数えて 4 代目であるという。彼は私に漢字で書かれた植民地期の土地文書も見せてくれた。

317

図5-23　『メコンデルタの大土地所有』の巻末資料。詳細な聞き書きが収められ，社会経済史的なアプローチの本文を，民族誌で補完している。

■巻末

一方，補論，本文に入れるには詳細すぎる図表，用語解説，参考文献（読書案内），資料などは，巻末に入れるとよいでしょう。前述の『ツツバ語』では，資料として主要な語彙やテキスト資料（民話）等を，『科学のセンスをつかむ物理学の基礎』では，「Appendix」として簡単な関数の微分・積分や三角関数の微分・積分等を（図 5-22），『メコンデルタの大土地所有』では史料として，現地の人々への聞き書きを巻末に入れています（図 5-23）。

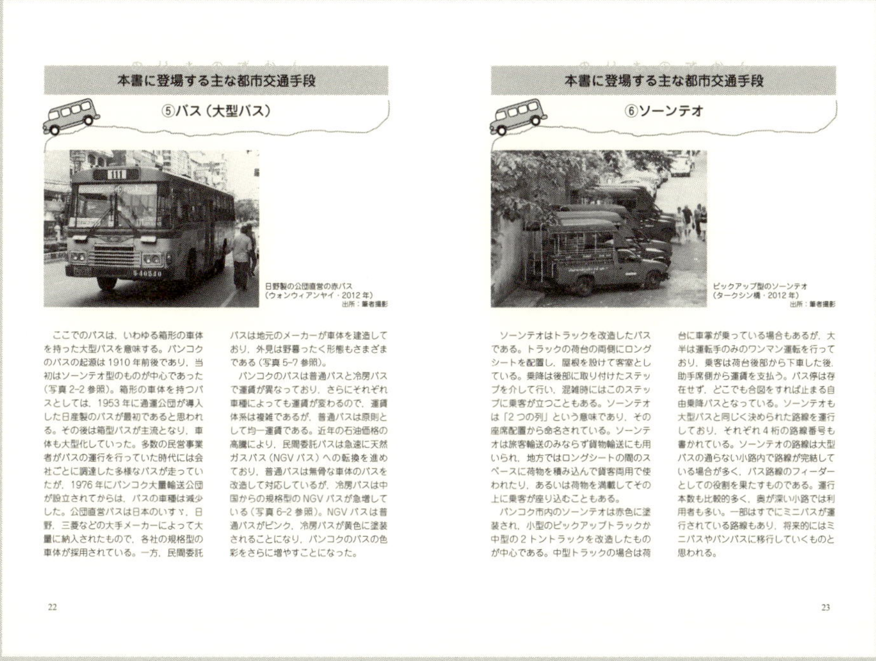

本書に登場する主な都市交通手段

⑤バス（大型バス）

日野製の公団直営の赤バス
（ウォンウィアンヤイ・2012 年）
出所：筆者撮影

ここでのバスは，いわゆる箱形の車体を持った大型バスを意味する。バンコクのバスの起源は 1910 年前後であり，当初はソーンテオ型のものが中心であった（写真 2-2 参照）。箱形の車体を持つバスとしては，1953 年に通運公団が導入した日産製のバスが最初であると思われる。その後は箱型バスが主流となり，車体も大型化していった。多数の民営事業者がバスの運行を行っていた時代には会社ごとに調達した多様なバスが走っていたが，1976 年にバンコク大量輸送公団が設立されてからは，バスの車種は減少した。公団直営バスは日本のいすゞ，日野，三菱などの大手メーカーによって大量に納入されたもので，各社の規格型の車体が採用されている。一方，民間委託バスは地元のメーカーが車体を建造しており，外見は野暮ったく形態もさまざまである（写真 5-7 参照）。

バンコクのバスは普通バスと冷房バスで運賃が異なっており，さらにそれぞれ車種によっても運賃が変わるので，運賃体系は複雑であるが，普通バスは原則として均一運賃である。近年の石油価格の高騰により，民間委託バスは急速に天然ガスバス（NGV バス）への転換を進めており，普通バスは無骨な車体のバスを改造して対応しているが，冷房バスは中国からの規格型の NGV バスが急増している（写真 6-2 参照）。NGV バスは普通バスがピンク，冷房バスが黄色に塗装されることになり，バンコクのバスの色彩をさらに増やすことになった。

22

本書に登場する主な都市交通手段

⑥ソーンテオ

ピックアップ型のソーンテオ
（タークシン橋・2012 年）
出所：筆者撮影

ソーンテオはトラックを改造したバスである。トラックの荷台の両側にロングシートを配置し，屋根を設けて客室としている。乗降は後部に取り付けたステップを介して行い，混雑時にはこのステップに乗客が立つこともある。ソーンテオは「2 つの列」という意味であり，その座席配置から命名されている。ソーンテオは旅客輸送のみならず貨物輸送にも用いられ，地方ではロングシートの間のスペースに荷物を積み込んで貨客両用で使われたり，あるいは荷物を満載してその上に乗客が座り込むこともある。

バンコク市内のソーンテオは赤色に塗装され，小型のピックアップトラックか中型の 2 トントラックを改造したものが中心である。中型トラックの場合は荷台に車掌が乗っている場合もあるが，大半は運転手のみのワンマン運転を行っており，乗客は荷台後部から下車した後，助手席側から運賃を支払う。バス停は存在せず，どこでも合図をすれば止まる自由乗降バスとなっている。ソーンテオも大型バスと同じく決められた路線を運行しており，それぞれ 4 桁の路線番号も書かれている。ソーンテオの路線は大型バスの通らない小路内で路線が完結している場合が多く，バス路線のフィーダーとしての役割を果たすものである。運行本数も比較的多く，奥が深い小路では利用者も多い。一部はすでにミニバスが運行されている路線もあり，将来的にはミニバスやバンバスに移行していくものと思われる。

23

図5-24 『都市交通のポリティクス』の「のりものずかん」。都市交通の歴史社会学を，政策と技術の両面で追った本書ならではの工夫として，本文中で扱われた車両や技術を，こうしたタイトルで紹介し，大部な本ながら，親しみやすさが演出されている。

10 その他のさまざまな工夫

紙では表現できない動画などについては，CD-ROM・DVD-ROM等の付録を本に付けることができますが，最近ではCDやDVDを利用しない読者も増えているので，第7章のコラムで紹介するように，QRコード等を介して本の紙面とインターネット上のデータを接続するようにして，映像や音声を読者に示すような工夫も必要です。それはともかく，前述の『ツツバ語』は，世界の言語のうち10あまりにしか報告されていない舌唇音を実際に発する様子を，『科学のセンスをつかむ物理学の基礎』は，コンピュータグラフィックによる疑似実験をCD-ROMに収録し，本の付録にしています。

本によって，その本ならではの工夫ができます。『都市交通のポリティクス』では，さまざまな興味深い乗り物を扱う本に相応しい「のりものずかん」の頁が設けられています（図5-24）。

本章で考えてみたのは，主に執筆内容に関わる工夫でしたが，他にも，いわゆるプレゼン技法として各種の本で紹介されるような図版処理を活用することも，学術書の可読性を上げるうえで効果があります。このように，デジタル技術の進歩や便利なアプリケーションの普及によって，学術的な内容を視覚化し，読者の理解を促進するさまざまな工夫を加えることは，以前よりずっと容易になりました。しかしそうした工夫も，本作りの現場を知らずに使おうとすると，コストや制作時間の面で大きなロスを生み，結果的にはクオリティの低い，あるいは過剰に高価な本となって，サーキュレーションを下げてしまいます。

そこで続く第Ⅲ部では，組版や印刷といった本作りのハードウェア，さらには販売時のPRなど，学術書の制作現場の実情についても簡単に紹介しながら，スムーズでより効果的な制作作業のコツについて，考えてみたいと思います。

第III部

刊行する

サーキュレーションを高める
工夫と制作の作法

第6章 タイトルと索引
——冒頭と末尾に示すメッセージ

1　魅力的なタイトルをつけるために

2　メッセージが伝わる索引作り

1　魅力的なタイトルをつけるために

筆者の書架にある本で，もっとも長いタイトルを冠した和書は，平田オリザ氏の『十六歳のオリザの未だかつてためしのない勇気が到達した最後の点と，到達しえた極限とを明らかにして，上々の首尾にいたった世界一周自転車旅行の冒険をしるす本』（晩聲社，1981年）です。この長いタイトルを活かした独特のブックデザインと，高校生のみずみずしい感性に惹かれて同書を読んだ当時のことは今でもよく覚えていますが，今日の出版産業システムに身を置く者としては，こうした長いタイトルの本をつけるのは勇気がいります。そもそも，販売会社（日販やトーハンといった，出版社と書店を繋ぐ流通会社）のオンライン受発注システムのデータベースでは，30字以上のタイトルが登録できないのですから。もちろんシステムが優先する，という機械的制約には同意しないとしても，余り長いタイトルは歓迎されない，という前提に立って，制約の中で智恵を絞るのは必要なことです。

成功するタイトルとは何か？　率直にいってこれを普遍的議論として論じるのは，ほとんど不可能でしょう。先述した平田オリザ氏の本は，おそらくDaniel Defoe の“The Life and Strange Surprizing Adventures of Robinson Crusoe, of York, Mariner: Who lived Eight and Twenty Years, all alone in an un-inhabited Island on the Coast of America, near the Mouth of the Great River of Oroonoque; Having been cast on Shore by Shipwreck, wherein all the Men perished but himself. With an account how he was at last as strangely deliver'd by Pyrates”（『自分以外の全員が犠牲になった難破で岸辺に投げ出され，アメリカの浜辺，オルーノクという大河の河口近くの無人島で28年もたった一人で暮らし，最後には奇跡的に海賊船に助けられたヨーク出身の船乗りロビンソン・クルーソーの生涯と不思議で驚きに満ちた冒険についての記述』，いわゆる『ロビンソン・クルーソー』。日本語訳はWikipedia 2014/07/22閲覧から引用）を意識したものだと思いますが，こうした長いタイトルで成功したものもあれば，椎名誠氏の『蚊』と一言で表象した見事なタイトルのものもあり，長ければ面白い，短いことが大切，といい切るわけにもいきません。ただ，そうしたタイトルに共通するのは，手に取る者に「何これ？」と思わせる魅力です。本の内容を「説明している」のではない，「ここが面白い」「一言でいえばこれだ」と宣言しつつも，読んでみないと分からない，と読者の疑問や興味を誘っているところが，ポイントでしょうか。もちろん，繰り返しになりますが，「二回り外，三回り外」の読者を意識することは不可欠です。

学術書の世界でも，単なる内容の説明でなく，それを飛び越えて成功した例はいくつかあります。有名な『知の技法』（小林・船曳，1994）や，『東大英単』（東京大学教養学部英語部会，2009）は，それぞれ，学部1～2年生に向けて，論文の書き方や口頭発表の仕方，資料の集め方を示したり，いわゆる基礎単語ながらも，学術的な文脈での使い分けやニュアンスが難しい言葉や英語文章語の「常識」「作法」を語ったものです。しかしそのタイトルを，『大学での学び方』や『気になる学術英単語』としてしまったらどうでしょう。内容の特色はもちろん，編者たちの教育に対するなみなみならぬ思いも伝わらなかったでしょうし，社会現象となるほどの，販売上の成功は収めなかったに違いありません。

その点で，「～について論じました」と，過不足なく（というよりも平板に）表現したタイトルは，一般に魅力に欠けるといってよいでしょう。上記の例でいえば，『ヨーク出身の船乗りロビンソン・クルーソーの数奇な生涯』程度にしてしまったら，はたして，それほどに注目されたのかどうか。いっそ，最初から『ロビンソン・クルーソー』と短くしてしまった方がよいかもしれません（ちなみに，第5章で紹介した『アンデス高地』は，一切の無駄を排してシンプルなタイトルにしたことで，関係する研究者必携の一冊であることをアピールしています）。しかし，世の学術書の中には，こうした「～について論じました」風のタイトルが満ちあふれています。よくあるのが，『××所蔵××文書の××的研究 ── ××を中心に』。もちろん「××所蔵××文書」が，これまで門外不出，秘密のベールに包まれたものとして，有名だけれども誰も見たことがないというのなら，これでよいかもしれませんが，大抵の場合，こうしたタイトルでは読者の関心をひかないでしょう。一般に，直接の研究対象とする事柄そのものの名前を，研究領域のタイトルと組み合わせたようなもの，たとえば『20世紀初頭のスマトラ島東岸プランテーション開発の地理学』のようなタイトルは，対象の小ささと方法の平板さの両方を感じさせてしまいがちです。スマトラ島東岸とはどんな地域なのか，そこでのプランテーション開発はどんな特徴を持ったのか，といった学問的関心からキーワードを見直して，たとえば，『小人口世界の開発と移動 ―― 海域東南アジアの人口地理学』とすると，だいぶ印象が違います。

しかし，対象がさらに「稀少」ないし「新奇」で，かつ，方法が挑戦的・先端的である場合，それを逆手に取って関心を惹き，成功する場合もあります。第5章で紹介した『ツツバ語 ―― 記述言語学的研究』はその一例です。同様に第5章で紹介した『科学のセンスをつかむ物理学の基礎 ―― エネルギーの理解を軸に』は，今日，理系学部の学生でも相当数見られる，物理未履修のまま大学に入ってしまった学生に向けて，せめて力学と熱力学の一部は理解して，今日の科学技術社会に生きるためのセンスを身につけて欲しい，というメッセージを，データベースの登録字数一杯に使って伝えようとしたタイトルです。ここでも単に『物理学基礎』とか『力学概論』などとしてしまっては，そうしたメッセージは伝わらなかったでしょう。

いうまでもなく，タイトルは装丁デザインにも影響します。メッセージの集約点として，執筆構想の方向づけも与えると同時に，制作の最終段階に影響する，さらには市場でのサーキュレーションの最前線に立つのがタイトルです。その意味で，本の執筆は，タイトルに始まりタイトルに終わるといえるかもしれません。そこでここでは，もともとの草稿となった論文が書籍となった時点でタイトルがどう変わったか，しかもそれが装丁デザインの工夫とどう結びついたか，筆者のお手伝いした事例をいくつか紹介しましょう。

図6-1は，第2章で紹介した，フランス語・英語の定冠詞の用法理解に，「認知の場」という心理学的な枠組みを持ち込んで高い評価を得た

図6-1 『認知と指示 ── 定冠詞の意味論』の装丁。認知の枠組みが違うと言葉が違う，言葉が違えば認知の枠組みが違う，という冠詞の用法から見える面白さを端的に示したタイトルを，「バベルの塔」の物語をモチーフにした絵画で象徴させている。

作品です（小田，2012）。これは著者小田涼氏の博士研究がもとになっていますが，博士論文のタイトルは『フランス語定名詞句の意味論 ── 指示対象の唯一性をめぐって』というものでした。もちろん言語学の専門家にとっては，このタイトルで研究対象が何であるかは分かりますが，少し専門を外れると，「認知の場」に注目した方法論の面白さは伝わりません。しかも，フランス語定名詞句という対象の限定性ゆえに，たとえば他の言語に関心を持っている人々や，言語と認知といったメタレベルの関心を持っている人々に，タイトルからアピールすることは難しくなります。そこで，あえて「フランス語」という対象限定を表す語を外し，また外国語の中級以上の学習者にとって大変難しい「冠詞の用法」の問題に引きつけて，定名詞句という対象を思い切って「定冠詞」と単純化し，さらに，「ヒトの認知と言語による指示関係を探る」という本書の核になるメッセージを最も短い構成でメインタイトルにして，最終的に『認知と指示 ── 定冠詞の意味論』がタイトルになりました。認知の枠組みが違うと言葉が違う，言葉が違えば認知の枠組みが違う，だからこそ外国語の理解というのは，最も基礎的な語の用法からして難しいということなのでしょう。そこで，装丁には，旧約聖書の「創世記」にある有名なバベルの塔の話をモチーフにした絵を使いたい，というのが小田氏のアイデアでした。すなわち，もともと同じ言語を用いていた人々が，創造主に挑戦するかのような塔を作り始めたのを見た創造主が，その塔が完成しないように，人々が互いに相手の言葉を理解できなくなるようにこの世の言葉を乱した，という神話を本のカバーにしようという趣旨です。ちなみに，本書のタイトルページの裏には，この物語を紹介した古代ローマの著述家ヨセフスを引用したエピグラフが掲げられています。本書は渋沢・クローデル賞という国際的な賞を受賞し成功しましたが，外国語と外国文化をよく知る人にはピンと来るこの粋な装丁がタイトルと相まって，言語学者はもとより外国語教育者や学習者の間で高く評価された結果といえましょう。

図6–2も，博士論文をもとに編まれた本です（上野，2013)。著者上野勝之氏の博士論文タイトルは『平安貴族社会の宗教的心性とその変容』ですが，主な内容は加持祈祷についての歴史研究です。古の人々が，夢と病気の関連，邪気，憑きもの，瘧（おこり）などの恐れや迷信から解放されるように願って加持祈祷を盛んに行った。その対象の面白さに焦点を当てて，書籍とする際には，『夢とモノノケの精神史』というタイトルが選ばれました。モノクロの図では少し分かりにくいかも知れませんが，全面に赤くデザインされた装丁がタイトルと相まって，おどろおどろしくも目を引くデザインになっています。

博士研究からの出版をもう一つ紹介しましょう。栗田季佳氏の博士研究は，「差別はいけない」という言説だけで偏見や差別心を抑え込むのは難しいことを心理学の実験で明らかにし，ではどうすればそうした心性を低減できるのか，考えようというものでした。異質なものを遠ざけ

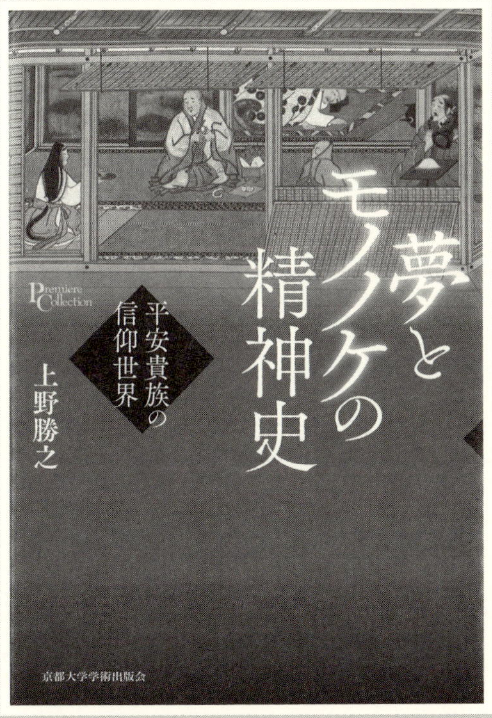

図6-2 モノクロでは分かりにくいが，『夢とモノノケの精神史』では，赤から黒のグラデーションで，モノノケの霊気が貴族の邸宅を覆う様子をイメージさせている。

ようというのは，進化や適応といった「生き残り」をかけた生物の営みとして私たち人間が本来的に備えている心のメカニズムだといいます。しかし，いわゆる「道徳教育」のような形で「差別はいけない」と教えられる現代社会では，むしろそうした気持ちは，無くなっていくというよりも人々の意識の奥底に潜在化してしまいます。いわば見えない偏見が社会を覆ってしまう。いじめやヘイトスピーチなど心痛める事件は絶えませんが，私たち自身の中に潜む偏見や差別の存在に自覚的であることがまず大切だ，と栗田氏は主張します。その博士論文のタイトルは『障害者に対する態度の構造と偏見低減方法 ── 潜在的態度と顕在的態度に注目して』というもので，内容はまさしくそのまま表現されています。しかし先に挙げた「研究」と同様，「方法」という語には，「〜について

図6-3 『見えない偏見の科学』では,「不可視の視線」をイメージして，本の本体に刷り込まれた目の画像が，トレーシングペーパーのカバーを透過して見えるデザインになっている。

論じました」という論文特有の生硬さがありますし，「注目して」も同様です。そこで，「潜在的偏見を炙り出す心理学的アプローチ」という意味をより身近に表現した語を使って『見えない偏見の科学』というタイトルが選ばれました（栗田，2015）。その装丁（図 6-3）は，本の本体部分の表紙に刷り込まれた目のイメージが，半透明のトレーシングペーパーにデザインされたカバーを通して浮かび上がる，というものです。

第 4 章で，章や節の見出しの付け方について，

1)「二回り外，三回り外」の読者に向けたキーワードで示す

2) 極力議論の「大きさ」を示す

3) 印象的事例で示す

という三つの方法を示しましたが，一般論としてはタイトルにも共通し

ます。しかしタイトルはすぐれて個別的な事柄なので，単純な一般化ができないのも事実です。先に挙げた事例は，装丁デザインまで意識してタイトルを決めた例ですが，同じ本を別の手法で表現することもできたでしょう。事実，いずれの場合も，タイトル，装丁デザインともに複数の案がありました。別の案ならより成功したかもしれない，ということもできるでしょう。ともあれ，どんな時でも最後は一つに定めなければなりません。ここに難しさがあるとともに，楽しさもあります。読者に何を摑んでもらいたいのか，その狙いを意識する営みの集約点として，タイトル作りを楽しんでいただきたいと思います。

2 メッセージが伝わる索引作り

本節のタイトルを見て，ほとんどの方は奇異な印象を持たれると思います。巻末に付ける索引と本の販売が何か関係するのか，と。実は，そうなのです。もちろん，索引の善し悪しで本の売れ行きが決まる，というような単純なものではありませんが，本の性格に応じて，よく考えて整備された索引が附されている学術書は，一般にサーキュレーションが良いのは事実なのです。

ここで，「充実した」ではなく「整備された」と書きました。これには理由があります。というのは，とにかく項目数が多く，また項目ごとに指示される頁番号が多ければ多いほど，良い索引だと誤解される向きがあるからです。おそらくデジタル時代の影響と思いますが，いわゆる検索性の高さと，索引の機能を混同しているのではないか，と思います。確かに，数百頁に及ぶ論文の中で，数か所登場するはずの重要概念や重要な固有名詞（地名，人名，組織や制度など）が，どこにあるのか，一瞬にして検索できることは非常に便利なことです。しかし，たとえば，人類学なら「宗教」とか「近代化」のような，極めて重要な基本概念だけれども，文脈によっては「普通に」使用され，本一冊の中には頻繁に登場する言葉の場合，そのすべてが検索でヒットしてもほとんど意味がないでしょう。索引というのは，読者にとって意味のある語とその登場する文脈を示すものであって，とにかく，本の中のすべての概念や固有名詞をひたすら示せばよい，というものではありません。ではどうすべきなのでしょうか？　ここでも，基準と工夫が必要になりますが，一言でいえば，読者が索引を眺めたとき，その本の扱うテーマと議論の概略がイメージできるような，また実際に索引を引いたとき，読者に，意味のない索引指示であると感じさせないような工夫です。

そのためには，まず，どの語を掲載するか考えねばなりません。

一つは，議論の枠組みに関わる概念です。しかし先述したように，一般にこうした語は論文中に頻出します。そこでその語が定義されたり，その概念自体について，意味や歴史，評価などについてまとまった議論がされている部分のみ拾い出すようにします。また議論の主要な対象となる事象，たとえば地域研究であれば，対象地域の地名や民族名，言語や社会制度，生物学であれば対象とする種名なども，本全体に頻出します。こうした事柄は，本自体のタイトルや目次に現れる場合も多いのですが，やはり定義や概念についての解説がまとまって述べられる部分に限って頁数を掲載します。

また，頻出する主要な概念については，図6-4のように，階層化して示すのも一つの方法です。ここでは，国際的な経済取引上の「規制」という一般重要概念，つまり頻出する概念についての議論を細分化することで，読者にとって意味ある文脈でこの語を引くことができるようにする工夫をしています。またこうした階層化は，読者に議論の内容を自ずとイメージさせ，主要な論点や，視角，方法論を提示する，という効果もあります。

逆に，登場回数が少ない事柄の場合，たとえば一回しか出てこない地名なら，全部引いてよいかというとそうではありません。「『長くつ下のピッピ』や『やかまし村の子どもたち』でよく知られる作家アストリッド・リンドグレーンの育ったヴィンメルビューは，スウェーデン南部のカルマル県にある，首都ストックホルムからは列車で3時間ほどの田舎町である。」という文章で始まる，作家の幼年時代と作品の関わりを論

規制　89，129，183，190.....
　　規制緩和　9，31，58，64.....
　　規制の国際的整合化　13，120–121，130
　　規制の二面性　14.....
　　規制の民営化　61，63.....
　　共同規制　14–15，61.....
　　公的規制　13，14.....
　　私的規制　14，129.....

図 6–4　階層化された見出しの例（池島，2014）

じる文章があるとします。ここで，ヴィンメルビューを索引に引くのは当然としても，この文脈に登場するストックホルムという語を索引に掲載する意味はほとんどないでしょう。しかし，「意味のなさ」を逆手にとることが大事な場合もあります。この文章が，何人ものヨーロッパの児童文学者を紹介した論集の一部だったとしましょう。おそらくそうした本の索引には，「ヴィンメルビュー」とか，「ガルミッシュ＝パルテンキルヒェン」だとかいった，日本人には全く聞き慣れない地名が，それこそあまた掲載されることでしょう。そうなると，逆に，ストックホルムとか，バイエルン州といった語が索引にあった方が，ある種の安心感，馴染み感を読者に与えるかもしれません（ちなみに，ガルミッシュ＝パルテンキルヒェンは，『モモ』『はてしない物語』などで有名なドイツの作家ミヒャエル・エンデの生誕地です）。また，一種の事典的な性格を持たせた本の場合，索引の掲載項目数を減らしてしまうと，逆に内容の豊かさを表現できなくなってしまうこともあり，注意が必要です。

このように，索引は，少しの工夫をすることで，読者に本全体のメッセージを示すツールにもなり得るのです。その点で，第4章で論じた，見出しや目次と同じ機能を果たすといってよいのです。目次のよくできた本はサーキュレーションが上がるというのは，いうまでもないことですが，上記のように考えると，索引が魅力ある本作りの重要な要素であることも，理解していただけるでしょう。

その点では，いわゆる論集の場合，個別著者に索引掲載語の選択を完全に任せてしまうと，章ごとに選択の基準が違ってしまい，アンバランスになりがちです。個別の著者に意見を聞くとしても，最終的に掲載語を決める判断は，編者がするようにしたいものです。

第7章 入稿と校正の作法
——合理的な制作のために

1 書籍組版と印刷の世界——パソコンでの執筆とは違う

すべてテキストファイル化される／

全く専門外の者が作業する／

「すぐに直せる」「いつでも直せる」は絶対禁句

2 合理的な印刷入稿のための十の留意点

入稿時の一般的な留意点／図表入稿時の注意点

コラム ❖紙の本と電子技術を接続する

3 ミスのない校正のための六つの留意点

学術書を書く，という本書の目的からすると，第６章まで読んでいただければ十分……かというと，そうではありません。いうまでもないことですが，原稿を書き上げた後，「商品」として学術書を完成させ市場に送り出す過程が不可欠です。そして，この過程にどれだけ気を遣えるかも，インパクトの高い学術書を書く上での大事な工程です。というのも，ここからの作業は，書き手一人の作業ではなく，多くの人を巻き込んだ共同作業になるからで，「二回り外，三回り外の読者」よりも，もっと遠くにいる人々 —— すなわち，印刷所のオペレーターや書籍流通に関わる人々 —— への配慮が要るからです。

1 書籍組版と印刷の世界 —— パソコンでの執筆とは違う

■すべてテキストファイル化される

この点に関わってまず理解していただきたいのは，パソコンやワープロによる執筆作業と書籍の製造工程は，全く別世界であるということです。

「パーソナルコンピュータ」という名称が表すように，研究室や自宅での執筆は，概ね「一人」の作業です。たとえば複雑な数式や化学構造式を，自分のパソコンのモニター上で表現し，それをプリンターに出力するといった作業では，うまく描くために自分のパソコン環境の下で適切なアプリケーションやフォントを揃えることが普通です。人文・社会系でも，ロシア語や韓国語，ペルシア語といった，日・英の「普通の文字」以外の文字を多用するような論文を書く場合，同じように，それに合わせたパソコン環境を整える必要があるでしょう。数学や物理学，言語学などの分野では，既成のコンピュータ環境では満足すべき表現ができないということで，研究者自身が自分流の文字組版環境を作ってしまった，いわゆるTEXの技術も広がっています。要するに，「パソコンで書く」という作業はあくまで自分自身が書いて複製する作業ですから，そこには，他の人への配慮は少なくて済みます。

ところが，工業製品としての「本」を製造する工程は，原則として「個々人のカスタマイズ」が全く通用しない世界なのです。後述するように，原稿を紙の上にデザインする「文字組版」の作業は，産業仕様で作られた特別なシステムのもとで行われることもしばしばです。最近では，Adobe Indesign や Adobe Illustrator といったパソコンのアプリケーションを使って組版を行うことも増えましたが，フォントや細々したスタイルは，原則として産業的に（すなわち大量の印刷物を時間と経費の上で合理的に製造するために）規格化されています。したがって，一旦，出版社や印刷会社に原稿を渡すと，自分の書いた原稿は，自分のパソコン環境から切り離されて，全く別のシステムの中で扱われるということを知っておく必要があります。

筆者らが非常によく目にするのは，日本史や東洋史の研究者が，出版社や印刷所から届いた校正紙の中に，自分が書いた漢字が正しく表現されていない，と指摘する光景です。いわゆるユニコードなどの技術によって劇的に改善されてはきましたが，今でも，歴史的に構築され続け10万字を超えるといわれる漢字のすべてを，コンピュータ上の既成フォントで表現することは不可能です。そこで，必要に応じて「作字」をするわけですが，研究者自身が自分のパソコンで行った「作字」は，あくまで，自分のパソコン環境上での作業であって，自分とは違う環境（印刷所のパソコンはもとより，隣の研究室のパソコンでさえ）では再現できないのは当然です。ところが，漢字の作字や，少し複雑な数式，化学構造式といったものに関していえば，個人のパソコン上でいかようにも表現できる便利なアプリケーションが開発されていて，そうした技術によって書き手の作業の自由度が日々向上していることもあって，「他人のパソコンではうまくいかない」ことは，つい忘れがちです。

書籍印刷の世界に日々接している筆者の感覚からすれば，極端ないい方のようですが，自分の書いた原稿の文字は，一旦すべてテキストファイル化される，すなわちサイズや書体，太字か斜体か，もちろん字詰めなど，すべての属性は一切失われた，単純なテキストファイル形式のデータとしてまずは扱われると考えてよいように思います。なぜわざわざテキスト化するのか，というと，たとえばMicrosoft Wordのようなワープロソフトでは，あくまでそのアプリケーションで原稿を入力し印刷をする上で「綺麗に」見えるように，アプリケーションの側で自動的に入力原稿を処理してしまうため，それを別の環境で扱おうとすると，具合の悪いことが多々生じるからです。2, 3例を挙げましょう。最も多いのが，段落冒頭の1字下げです。本来は必ずそこで全角スペースを入れて入力すべきところが，Wordの場合，初期設定によっては自動的に「インデント」が生じて，全角スペースを入れずとも段落冒頭が1字下がります。また，1)，2) など冒頭に数字を入れて箇条書きすると，これまた，自動的に 3)，4) などと数字を入れて，さらにそうした数字の後ろに「タブ」が挿入されることもあります。さらには行長を揃えるために，勝手に文字間にスペースを入れてしまう。そうしたデータを使って，出版社がそれぞれの書籍ごとに決めた紙面の大きさやレイアウトに従って印刷所がタイプセットしようとすると，Wordの自動処理の結果が大変邪魔になるというのは，容易に想像できるでしょう。「パーソナルな印刷」には便利なアプリケーションが行うこうした自動処理機能に関しては，他にも多くの問題がありますが，それらに関する注意事項は，後に詳しく述べます。

いずれにしても，こうした問題に対処するために，多くの出版社（と印刷所）では，研究者によるオリジナルの原稿データを，一度すべてテキストファイル化して，組版上に必要な処理（不要なタブやスペースを削除したり，必要なスペースを入れるなど）をします。また，多くの出版社では，本として仕上がる際に統一感が生まれるように，図表についても，線を描き直したり文字を印字し直すようにしています。つまり文字テキストだけでなく，図表についても，一から作業される，と思っておいた方がよいでしょう。

以上のように，原稿作成の際に著者自身が加えた工夫は一旦全部失われて，自分とは別の人たちによって，再度「本」の形で作り上げられるわけですから，自分がどこに苦労して，著者として満足できるようにしてきたかということを，作業者に丁寧に伝える必要があります。前述した作字の例でいえば，自分の原稿中にある作字が必要な文字，すなわちパソコン上の最もありふれたフォント（Windows であればMS 明朝など，Macintosh であれば平成明朝など）で表現できない文字については，プリントアウトした原稿の上に明確なマークを付して，作業者に「この文字は作字が必要」と明示しておけば，スムーズに作業が進むでしょう。

■全く専門外の者が作業する

もう一つ忘れてはならないのは，自分の研究分野の知識を，作業者は全く持っていないであろうということです。これも歴史学関係の例ですが，日本の近世文書を引用する際，引用文中に現れる助詞として使われている漢字（江，而，者など）はすべて文字サイズを小さくする，という指示が校正時に加えられることがあります。しかし，「百姓共一切御用席江相加申間敷候」という文章があるとして，そのうちのどれが助詞なのか，判断できる作業者はほとんどいないといって間違いありません。このような場合，「江」の字にたとえば黄色のマーカーで印をして，「サイズを小さく」と指示するのが適当です。

自然科学系では，こうした例はもっと広くあります。生物学における学名表示の作法，数学ならば変数か定数かの区別，化学ならば構造式の腕の出方，等々，その領域を少しでも学んだ者にとっては最も基本的で当たり前の事柄でも，作業者にとっては全く未知の事柄だという場合がほとんどでしょう。ですから，組版や作図を頼む場合は，面倒なようでも，著者側の専門的な意図が作業者に十分伝わるように丁寧に指示した方が，スムーズに進むわけです。

■「すぐに直せる」「いつでも直せる」は絶対禁句

もう一つ，研究生活の最初から，論文作成を「パーソナル」コンピュータを用いて行ってきた世代の研究者に共通してみられる誤解は，いつでも，思い立った時点で原稿を修正すれば，それが即座に出版社や印刷所の作業に反映される，というものです。自分の端末の原稿をいじれば，自動的にインターネット上のデータと同期して，あらゆる端末上のデータもたちどころに修正されるという，いわゆるクラウド時代の感覚なのかもしれません。

先に述べたように，Word等のパソコンソフトで書かれた原稿は，文字ならば，一旦はすべてテキストファイル化されて扱われます。ですから，Wordで書いた原稿上で生物の学名をラテン語のイタリックで表記していたとしても，その属性は失われ，印刷所のシステムの中で再度情報を付け加えられて組版されます。html形式のデータで自分のホームページを作ったことがある方なら，「タグ」という概念をご存じでしょうが，ちょうどその「タグ」に似たものを，印刷所のオペレーターが次々に原稿中に加えているのです。学術書では，普通，「（　）」（丸括弧，パーレン）で挟まれた部分は本文より少し小さく組版しますが，そうした部分の前後には「この部分の文字は，（本文より小さい）××ポイントで」というタグが，いちいち埋め込まれます。ですから，一旦組版され，校正ゲラとして提出された原稿上に訂正を加える場合，「一文，一段落（時には一節や一章）をそっくりそのまま別のファイルに置き換えて欲しい」という指示は，かえって面倒なのです。訂正の必要のない部分まで，一からタグを入れなければならないからです。「クラウド世代」の感覚からすれば，そっくり差し替えた方が早いように思えるのですが，工業的なシステムにおいては，かえって手間がかかる場合が多いといってよいでしょう。

このように，書籍印刷の世界では，パソコンでの執筆とは違い少しの修正であってもさまざまな手続きが必要になるので，差し替えればすぐ直る，いつでも修正できるという感覚は捨てる必要があります。そうでないと作業者に無用な負担をかけ，かえって作業の遅れを招き，ひいてはミスの原因にもなってしまいます。

2　合理的な印刷入稿のための十の留意点

では，どうすれば，スムーズな作業が保障されるのか。出版社によっては，入稿のためのスタイルガイドなどを用意しているところもありますが，簡単なものが多い上に，印刷所の組版作業，修正作業を配慮するという観点では作られていないものが多いようです。そこで以下では，通常の出版社の入稿ガイドにはない，時間やコストの効率化のための作業の要諦を簡潔にまとめました。なお，以下の項目では，Word 等のアプリケーションで作成した著者自身の原稿を，元原稿と呼ぶことにします。

■入稿時の一般的な留意点

1) 見出しの階層を明示する

かつては，「第 I 章，2 節，(3) 項」などのように，セクションの階層ごとに独自の数字を打ったり，「1–4–3」のように，階層が一目瞭然になるように見出しを付けるのが，学術書において一般的でした。しかし最近では，おそらく欧米の学術雑誌や研究書の傾向にあわせてのことと思いますが，見出しの文字のサイズや太さ，あるいは斜体など，フォントの属性を多様にすることで，見出しの階層を示す例が増えているように感じます。これ自体はよいと思いますし，事実，英文書の場合，「1–4–3」のようにセクション番号を付した見出しのスタイルは古めかしいものと読者に受け止められるようです。

しかし，先述したように，元原稿に加えたすべての文字属性は，レイアウトに際して消えてしまうので，最終的にはセクション番号等を消してしまう場合でも，作業者が迷わないように，元原稿には見出しの階層を明示するようにしましょう。著者自身にとっても，見出し階層を明示しておいた方が，仮の目次（元原稿上の目次）を作る際，論述の構造や編成上の問題点が把握しやすくなるというメリットもあります。

2) 図表には原則として番号を入れ，元原稿上の位置を指定する言葉には注意

前節で述べたように，元原稿における紙面の大きさも行数や文字数などのスタイルも，本としてレイアウトされる際には，必ず別のものにな

ると思って間違いありません。とすると，元原稿の中での位置を示す言葉，たとえば「下図」「次頁の表」「右の表」などの指示は，意味を持たなくなります。もちろん，実際に本として刊行される際にそうした指示を入れるべき場合は多々ありますし，必要なことでもあります。そこで，元原稿では，こうした言葉は極力入れず，「下図」「次頁の表」といったものならば，「図1–3」「表2–6」などの，明示された図表番号で示しておき，必要なら校正時に「下の」「次頁の」等の言葉を加えるようにするとよいでしょう。

3) 不要な情報の入っている原稿は入稿しない

最近，学会発表などで使ったプレゼンテーション用の原稿をそのまま元原稿として流用して入稿する例がしばしば見られますが，実は，これが出版社や印刷所での作業の大きな障害になっています。特に，PowerPoint 等のプレゼンテーション用アプリケーションで作成された原稿中の図表や写真類はさまざまな問題を抱えていて，それについては後述しますが，まず注意しておきたいのは，こうした別の場所（媒体）で使用したものには，実際の入稿原稿としては必要のない情報がたくさん入っている場合が多い，ということです。PowerPoint でスライドが100枚ある元原稿のうち，実際，本の出版に必要な部分は数枚のみという原稿に接することも，稀ではありません。こうした場合，いくら出版社や印刷所が注意深く作業しても，必要な図表が作成されなかったり，逆に不要な図表がたくさんトレスされたりというミスは避けられません。元原稿は，本としてレイアウトされるべき，必要かつ十分な内容にして入稿しましょう。

4) 文字属性を変える場合は，マーカーなどで明示する

繰り返しますが，すべての属性は一旦消えるので，再現されるべき形についてはきちんと指示することが必要です。傍点，傍線，ルビ，斜体，分かち書き等々，文字に何らかの属性を付け加える際には，その都度，明示的に指示するようにしましょう。また，数式等，レイアウトの体裁

を変えたくないときは，自分のイメージする体裁を必ず出力して示しておき，特に作業者の注意を促したい部分は，やはりマーカーなどを付して説明しておきたいものです。

5）多言語・外字・機種依存文字などを用いる場合の注意

フォントについて技術的に解説することは避けますが，市販のパソコンなどに最初からインストールされているごく一般的なフォント上では表現できない文字等を原稿中で不用意に用いると，少なからず問題が生じるということは，知っておきましょう。最近では，専門分野の論文作成に対応した学術用のアプリケーションがいくつも市販され，そうしたアプリケーションに搭載された特殊フォントも多く，論文執筆の際には大変便利です。しかし，そうした特殊フォントは，印刷所の出力機（工業用印刷機で印刷する直前のデータを生成させる機械）には搭載されていないことも多く，出版社や印刷所の作業システムによっては，「文字化け」や「文字欠け」が生じてしまうことがあります。

ですから，英語や日本語の一般的な文字以外，たとえばロシア語やギリシャ語，韓国語，中国語（繁体字，簡体字），また日本語でいえば，一般的にはあまり使用されない漢字や異体字，合字等を元原稿中で用いる場合は，当該の文字にマークすると同時に，どのようなOS，アプリケーション，フォント環境で書いたか，出版社や印刷所の担当者に伝えておくようにし，校正時に注意するのはもちろん，印刷時に再現が保証されるような指示を出すようにしましょう。

■図表入稿時の注意点

6）仕上がりイメージを必ずプリントアウトして入稿する

普通，研究者が論文用の図版を作るのは，Adobe Illustrator 等の描画ソフトや，Microsoft Excel のような計算ソフトでしょう。いずれも便利なアプリケーションソフトで，これで作られた図版データ自体も，出版用のレイアウトをする上で使いやすいものなのですが，問題は，こうして作成した図版データをいわゆる Office 系アプリケーション，特に Word

とPowerPointに配置して使う場合です。前述したようにWordとPowerPointはそれ自体にレイアウト機能があり，利用者が特に意識的に操作しなくても，あらかじめ定められた仕様に従って，図版の大きさやプロポーション（縦横比）を自動的に変更処理することが少なくありません。たとえば，元々作ったファイル上では，ほぼ正方形の縦横比だったものが，WordやPowerPointに挿入したとたん横長になる，といったことがあります。仮に，このように自動処理された原稿だけが入稿されると，レイアウト作業をする者は，自動処理後の横長の仕上がりが正しいイメージだと誤解して，作業を進めてしまうかもしれません。美しい造本にとっては，同じような内容のグラフがあれば，特に理由のない限り，同じ大きさ，同じ線の太さ，同じプロポーションで紙面に掲載する（統一感を持たせる）のが原則ですが，作業者が一見して統一できるようにするためにも，著者として意図している仕上がりイメージが明示されるような形で，（時には必要な説明も加えた）プリントアウト原稿を提出するようにしたいものです。WordやPowerPointに挿入する前（プロポーションが変わる以前）のオリジナルデータを提出することは，本の品質向上のためには不可欠です。

また専門分野によっては，CADなどのシステムを使うことも多いでしょうが，出版社や印刷所がそもそも対応していないことも考えられます。そうした場合も，著者自身による打ち出し原稿があれば，スムーズに作業できることも多いのです。

7）必要のない情報は消して入稿する

先の3）とも重複しますが，図表の場合，元原稿に，本に掲載される際に必要のない情報が入っていると，美しくレイアウトできないばかりか，作図（作表）に無駄な作業時間を費やしてしまうことになります。特に地図等を掲載する場合，市販の地図類やGoogle Mapなどのインターネット上の地図サービスをもとにして，そこに論文の記述上必要な情報を入れる，という指示がよく見られます。こうした場合，出版社や印刷所で地図を作り直すことになりますが，元の地図には，地名や道路など実際の論述には必要のない細々とした情報が入っていることが多々あります。特に指示しないままそうした元原稿を入稿すると，場合によっては，不要な情報がごちゃごちゃと入った，肝心の情報が見えない図版ができ上がってしまいます。当然，校正では不要な部分を削除することになり，作図も修正も，大変に時間がかかってしまいます。面倒なようでも，入稿時に丁寧に指示しておきましょう。

8) 原則として，単色印刷を前提にして入稿する

残念ながら，大抵の学術書は，本文は単色（白黒）で印刷されます。それに対して，入稿される原稿は，多色印刷されたものがほとんどになりました。これまでは，大抵の場合，色分けされたそれぞれの部分を単色の模様類で置き換えるなど，何らかの工夫を制作時に加えることで，単色印刷に対応することは可能でした。ところが昨今，リモートセンシングやGIS等の観測・解析手法の進歩と普及を背景にして，自然科学分野だけでなく人文・社会科学分野でも，濃度分布でデータを示す表現手法や，さまざまな観測データを重ね合わせて事象を分析する，いわゆるレイヤーを重ねる手法が広がりました。そうした解析図版では，多くの色のグラデーションで，分布や重なりを表現します。これが単色印刷にはうまく適合しないのです。

たとえば，黒を基調にした衛星画像の上に，赤と青のグラデーションで植生分布が表現されているという図などは，単色印刷では，ほとんど真っ黒，わずかに青のグラデーション部分が白っぽく浮き上がるだけ，となってしまったりします。このような場合は，入稿時点で，基調となる地図を衛星画像ではなく普通の地図にしたり，また分布は単色の濃淡で表すというように，あらかじめ処理しておくと，うまく作図できる場合もあります。この点では，次頁のコラムに記した，QRやARといった技術で，印刷の限界を超える工夫もできるので，出版社や印刷所と相談してみるのもよいでしょう。

◆ コラム ◆

紙の本と電子技術を接続する

たとえば地域研究において，対象地域を俯瞰して示したいとき，「Google Earth や Google Map の画像が使えたら」と思う研究者は少なくないでしょう。「Google」が提供するサービスの画像が，本の中で全く使えないというわけではなさそうですが，自由に使うのが難しいというのは，明らかです。そうでなくても，調査時などに自分で撮りためた動画を本に記述した内容とあわせて示したい，という希望は，筆者のもとにもしばしば寄せられます。

そうした要望に応えるために，よく使われるのが，第5章で紹介したように CD-ROM や DVD-ROM を本に添付して，そこに動画を掲載したり，「Google」のサービスなどインターネット上で提供されている諸情報の所在（URL）をリンクしたりする方法です。筆者も，そうした書籍をいくつも作ってきましたが，大きな問題もありました。何より，最近では CD-ROM や DVD-ROM のストレージを装備しないパソコンが一般的になり，いくらそうしたメディアを本に付けても，読者が活用できないのです。また，インターネット上の諸情報は，配信者側の事情で，しばしば削除されたり URL が変わったり，と恒常的な利用が保証されません。

そこで使えるのが，QR や AR 技術で，本にスマートフォンなどの端末をかざすと，出版社や著者が責任を持って用意したインターネット上の情報に接続して，動画が利用できる，という方法です。『グリッド都市 ── スペイン植民都市の起源，形成，変容，転生』（布野・ホアン ラモン，2013）や『大元都市』（布野，2015）では，図 A のように，本文中の図版のいくつかに QR コードが埋め込まれています。ここにスマートフォンやタブレット PC をかざしてコードを読み取ると，一旦，京都大学学術出版会のサーバーを経由して京都大学の映像アーカイブに接続し，当該の図版に関わる諸情報，たとえば都市の経年的な変遷を示した動画や，最近の調査映像，さらには，当該図版に示された地域の衛星画像（Google Earth や Google Map）を見ることができます。一旦，出版部のサーバーを経由するというところが肝要で，それによって，万一，大学の映像アーカイブの所在が変わったとしても，著者や出版部の側でリンクを訂正できるようにしているのです。こうした手法は，視覚的な把握が必要な自然科学系の実験書など，教科書や教材でも有効でしょう。

ただしこうした方法は，本文中に QR コードを埋め込まねばならないという，デザイン的な問題を伴い，あまり多くの QR コードを掲載すると，紙面が美しくなくなる，という問題が生じます。その点では，今のところ（本書刊行時点では）相当な費用がかかるのであまり現実的ではないのですが，いわゆる AR 技術，すなわち，本文中の図版や文字をリンクマーカーとして使う技術を用いると，こうした問題も解決できるでしょう。

5
キューバ・スペイン植民都市群像

図 III–5–14　サン・アントニオ・デ・ロス・バニョスの発展過程
1–横，2–教会，3–広場，4–刑務所，5–病院

の建物も少なく，大半は煉瓦造もしくは木造である．すなわち，ほとんどの建物が平屋であり，基本的に中庭式住宅である（左上の 2 つの図参照）．

iii.　街区分割パターン

街区がどのように分割細分化されてきたかは，臨地調査による現況から明らかである（図 III–5–16）．街区数および宅地数は，中心部における数で，すなわち分析の対象とした地区における数を示している．

iv.　宅地の細分化

宅地分割の数を，各街区および基本宅地ごとにまとめたものが，図 III–5–17 および表 III–5–5 である．宅地規模には差があるが，分割数のみに着目すると，当初の宅地 71 のうち，全く分割されず，そのままのものが 18 ある．2 分割されたものが 15，3 分割されたものが 8，4 分割されたものが 12，最大 8 分割されるものが 2 宅地ある．また，4 宅地は広場に転換される．さらに，合筆などによって宅地割が変更されたものが 9 ある（図の中段，濃い色の部分）．たとえば，教会の北東部は 3 つの宅地がひとつになって，さらに 11 に分割されている．また，その東の街区北西の 2 つの宅地は合筆されて 6 つに細分されている．

当初の宅地が角地かどうかで分割数がどう変わるかについてみると，表から明らかなように，角地の方が分割数は多い．宅地に挟まれた敷地は，背後の敷地を利用するためにアプローチが必要となるから，当然といえば当然である．

教会西側の宅地を含めた調査対象地区の全宅地 236（173＋63）について，その間口

275

図 A　『グリッド都市』の図版の例。QR コードにスマートフォンをかざすと，都市の経年的変遷を示した動画等を表示させることができる。

9) 画像の解像度と入稿ファイル形式

デジタルカメラやスマートフォンによって簡単に写真が撮影でき，またインターネットを利用して，さまざまな視覚素材が，著作権や肖像権などに関わる必要な手続きを経れば容易に入手できるようになりました。それはそれとして大変便利なのですが，ここで問題なのは，そうした電子的な原稿が，印刷による学術書制作にとって必ずしも適切でないことも多いということです。

一つは，いわゆる解像度の問題です。フィルムカメラで撮った写真のフィルムやプリントが原稿になる場合は，紙面に掲載する際の大きさに合わせて，必要な解像度で印刷加工されます。今日の工業的な印刷では，細かなインクの点の疎密によって写真等の絵柄を再現するということを，耳にしたことがある方は多いでしょう（図 7-1）。単色印刷（いわゆる白黒）の場合，印刷所のシステムにもよりますが，インクの点の密度は，300dpi から 400dpi 以上，すなわち 1 インチの幅の中に 300〜400 以上の点があることが求められています。ここで誤解がないように付言すると，400dpi 以上の密度とは，紙面に掲載する大きさにおいてということです。縦横 2 センチの大きさで 400dpi になっている写真原稿でも，紙面には 10 センチ四方で掲載したいとなると，その実際の解像度は 80dpi となってしまいます。

最近のデジタルカメラは十分な画素数のセンサーを搭載していますから，初期設定のままで撮影すれば，通常の学術書に掲載する程度の大きさであれば，十分な解像度の電子ファイルは得られます。しかし，何らかの理由で画像サイズを小さくしている場合（しばしばあるのは，自分のブログなどに掲載しやすいように，最初から画像サイズを小さくして撮影している）や，2000 年前後までに発売されていた，画素数の小さい古い（100 万画素未満）デジタルカメラで撮影した場合などは，通常の学術書の紙面半分の大きさで写真掲載しようとしても，十分な解像度が得られない場合があります。まして，インターネットのホームページ上に貼られた画像などは，パソコンのモニタで見る限りは十分綺麗でも，印刷には全く耐えないものが少なくありません。一つの工夫は，家庭用のイン

図7-1　一般的な書籍印刷における濃淡表現と図版の解像度。一見パソコンの画面上では同じように見える2枚の写真だが，解像度が違う（左は400dpi，右は200dpi）。印刷媒体に大きく掲載しようとすると，右の原稿では濃淡を表現する点（アミ点という）の密度が粗くなり，美しくない。

クジェットプリンターで光沢紙に印刷し，それを印刷所に入稿して高解像度で処理してもらうというものですが，あまりうまくはいかないようです。

また，画像の入稿ファイル形式も，一般的にはJPEG形式をとる場合が多いようです。確かに，JPEG形式はデータのサイズも小さくてすみ，パソコンで扱うには都合が良いのですが，印刷入稿にあたって画像の調節加工（サイズの調整，コントラストやその他を印刷に最適にする）を加えるたびに劣化していくという欠点があります。そこで筆者は，TIFF形式での入稿を推奨しています。

10）著作権に関わる処理は原則として済ませておく

図表や写真を使用するにあたって，それらを他の研究書や学術雑誌から転載することも少なくありません。こうした場合，著作権法に定められた「引用」の要件を満たせば，出典を明示することで，特に許諾を必要とせず掲載することはできます。ただし，引用の要件とは何なのか，この判断は簡単ではありません。

ごく簡単にいえば，本文において，自らの議論との関わりでその図版の図柄や内容についてきちんと述べられており，その図版を示すことで，客観性・説得性が高まり，自らの議論が補強されていれば，多くの場合「引用」と見なしうるといえます。逆にいうと，「一例を挙げる」というような趣旨で，それぞれの図版や写真に対して特別なコメントを加えずに示すような場合は，「引用」の要件を満たすとはいえません。こうした点に無頓着でいると，思わぬトラブルを招くこともあります。

また，自分自身が作った図版であっても，かつて学術雑誌に投稿したり，別の学術書に掲載したものは，学術雑誌の投稿規定や出版契約書によって，扱いが制限される場合が少なくありません。ですから，自分自身の著作物であっても，一度発表したものについては，そうした規定について確認しておく必要があります。

図版・写真の掲載に限らず，学術書における引用に関わっては，思わぬ落とし穴が隠れていることもあります。必要に応じて，大学・研究機関の法務部門，出版社の法務部門や日本ユニ著作権センター（http://jucc.sakura.ne.jp/ 電話 03-5472-6620）等の専門機関に相談しながら，原則として入稿時までに，著作権法上の問題点は解決しておきましょう。

3　ミスのない校正のための六つの留意点

何度も述べたように，入稿した元原稿は，そのまま本の紙面としてレイアウトされるわけではありません。ですから，前項で示した要注意点を中心にしながら，初校では必ず全文，全図表を読み直すようにしましょう。このことを前提にした上で，あえて第1節の繰り返しも含めて，校正の要点をまとめておきましょう。

1)「いつでも直せる」は絶対禁句 ── 初校，再校，三校ですべきこと

第1節で述べたように，一旦入稿した原稿をワープロでの執筆感覚でいつまでも修正し続けることは，いたずらに作業者の負担になりミスを誘います。もちろん学術論文ですから，精度や最新の情報に注意する必要はあります。欧米の学術出版社の中には，校正時に内容の修正をすることを厳しく禁じ，決まりを守らない場合は，修正1語につきいくらというペナルティを課すところもありますが，絶対に修正するなというのも，研究者の立場に立てば酷な話です。では，どの程度の修正ならよいのか。出版社や担当編集者によってその許容範囲は異なるとは思いますが，以下のような考え方ならば，概ね関係者の納得を得られるのではないか，と筆者は考えています。

［1］初校では，精度を上げるために必要な事柄は，原則としてすべて修正してよい。論述の大きな構造は変えるべきではないが，原稿執筆後に知った，参照すべき先行研究や新資料，最新のデータなどの新しい知見は反映し，その結果必要な範囲で，記述内容を変更するのは構わない。また，可読性を上げるための文章表現の推敲も，最低限行ってよい。したがって，出版社や印刷所の側も，初校時は，大きな頁レイアウトの変更があることを覚悟する。

［2］再校では，原則的には初校での手直しが直っているか，確認するのみとする。また大きな修正を入れた場合は，全体をもう一度精読し直して，タイプミスなどがないか，点検する。しかし，この時点では表現を選ぶなどの推敲をすることはしない。当然，頁レイアウトが変わるような修正はしない。

［3］三校がある場合，三校では再校の修正部分を点検し修正が直っていない場合のみ，修正指示を入れる。念のため全体に目を通して修正作業に伴うミス（欠落など）がないか注意する。また索引作成の準備をする。索引を取るのであるから，頁の変更が生じるような修正は絶対に避ける。

このような基準を設けると，自ずと修正の量と内容は決まってくると思いますが，どうしても最終校正の段階で修正が必要になる事柄はあります。たとえば重要な（特に現存の）人名，重要な歴史事象に関する年号，出版助成制度等に関わって絶対に必要な謝辞や表示などですが，こうした事柄は，原稿執筆時に十分に注意し，また再校時に精読する際にチェックしておきましょう。ちなみに筆者が日頃お世話になっている印刷会社の場合，再校時，1 文字でも修正の入った頁が全体の 3 分の 1 以上あると，追加料金が発生しています。いたずらにコストが上がることがないようにするためにも，不要な修正は避けましょう。

2) 校正は校正紙で，特に PDF での校正は要注意

多くの出版社（印刷所）では，校正は，印刷出力機（印刷にかけるデータを作成する機械）で出力した，すなわち，印刷時と同じ内容を保証した校正紙を著者に渡して校正を依頼します。若い研究者の中には，パソコンとインターネットの時代に紙は不要と思う方もあるようですが，先に述べたように，書籍レイアウトは，一旦元原稿のデータをすべてテキストにした上で，元原稿とは違うコンピュータ環境で作成されます。日本語や英語の普通文は別として，数式や各種の記号類，英語以外の言語といった部分は，別のコンピュータ環境で同じように再現される保証はありません。特に，組版用のアプリケーション（たとえば Adobe Indesign 等）から直接書き出した PDF ファイルなどの場合，フォント等の体裁表示は閲覧するパソコンに依存してしまいますので，最終的な印刷時の体裁とは異なる場合も少なくありません。「校正時と，刷り上がった本で内容が違う」というトラブルを避けるためにも，校正は必ず校正紙に書き込むようにしましょう。海外にいて校正紙を受け取れないといった場合は，校正紙をスキャンした PDF をファイル転送サービスで送って貰えばよいでしょう。

3) 原則として電子ファイルで修正部分のデータを送らない

前述したように，書籍をレイアウトする際には，組版作業者が元原稿

をテキストデータにした上で，沢山のタグを入れ直しています。したがって，余程の大幅な修正でない限り，丸々原稿を差し替えるのは大きな負担をかけることになります。若い研究者の中には，部分的な（せいぜい十数文字の）修正が入った数行の文章を，修正部分の前後も含めて再度提出する方がいますが，これは，作業者にとってはかえって手間になります。連続して100字程度（すなわち本文で2行程度）以下の修正であれば，差し替えデータを貰うよりも作業者がタイプし直した方が早いというのが，一般的な組版オペレーターの意見のようです。

4) メールでの修正指示は要注意

最近は，電子メールの本文で「××頁の××行目を××のように修正」というような指示を入れることも増えていますが，これもトラブルのもとです。特に，「“京都に”を“東京に”に変更」のような簡単な修正の場合，同じ行に“京都に”という表現が複数回出てくることも少なくありません。そして修正してはいけない方に修正が入ってしまう危険もあります。実際，最終校正時にこのような修正指示がメールで届くことで，重要な人名が置き換わってしまい印刷・製本をし直した，という事例も筆者は見聞きしています。

また，メールでの指示は，得てして逐次的にいつまでも続く修正スタイルを生みがちです。研究者の立場に立てば，一度出版社や印刷所に戻した校正ゲラに追加で修正を入れたくなる気持ちや事情はよく分かるのですが，修正をするオペレーターにしてみれば，定められたスケジュールの中で，いつまで修正を受け付ければよいのか，途方に暮れるに違いありません。ここでも，自らの作業基準を決めるのが大切で，初校や再校（つまりもう一度校正の機会がある場合）では，その修正によって大きく文章が動いて頁が変わる，脚注や図表の位置が変わるなどの大きな修正以外は，次の校正まで待って指示をした方が，作業がスムーズに進みます。そして，三校，念校といった最終校正では，たとえば出版助成を受けた場合の謝辞表示など制度的に絶対必要な事柄以外は追加修正をしない等，本質的でない修正は諦め，見切りをつけるようにしたいものです。

5) 検索による統一的な変更はミスのもと

パソコンでの執筆の際には当たり前と思えるような事柄が，当たり前でないのが工業的な印刷の世界だ，ということを繰り返し強調してきましたが，それにしても「検索・置換は駄目」と言われると，なぜと思われるかもしれません。もちろん，論文の内容に応じた適切な対応ができれば，「検索・置換」は，電子技術時代らしい便利な修正方法です。しかし，この「論文の内容に応じた適切な対応」を誰がするのか？　印刷レイアウトは普通，印刷所の作業者が行います。中には出版社内の制作担当者が行うところもありますが，多くの場合は，外部発注していると思ってよいでしょう。そしてその組版データは，出版社側では扱えません。ですから，本の内容を著者と同程度に理解している編集担当者がいるとしても，その人は，検索・置換作業はできません。「いや，字の使い方を統一したいだけで難しいことをいうわけではないから」という方もいますが，だからこそ，問題が起きることが多いのです。たとえば「更に」という表現を「さらに」と変えるとして，「変更に当たって」という句の中の「更に」部分とどう区別するのか。あるいは，「更に」が，引用した資料や誰か別の人の論文中の文字列だったりしたら，置換してよいのかどうか。結局，作業者は「更に」という文字列の前後を丁寧に読まねばならず，読んだところで判断できない場合も少なくありません。また，そもそも図表中の文字などの場合，いくら組版データを検索しても，検出できないことも多いのです。便利なようであっても，「検索・置換」による修正指示は不完全なものになりがちで，時には大きなミスにも繋がりますから，原則として，行わないようにしましょう。

6) 作業者が間違えやすい曖昧な指示の例

著者だけでなく，組版作業者もパソコン・ワープロ時代に育った世代が多数を占めるようになると，一昔前は「当たり前」に理解して貰えた修正指示が伝わらないことがよくあります。特に，略字で書かれた漢字が問題で，「問」を「向」と書いたり「点」を「桌」と書くことは，ある年齢より上の世代の者にとっては普通のことなのですが，いわゆる「ボーンデジタル」時代の世代にとっては全く見知らぬもののようで，わざわざ「向」という字を作字したという事例にも，筆者は遭遇したことがあります。美しい字である必要はありませんが，校正は必ず楷書で指示しましょう。他にも，学術書にしばしば見られる問題として，a（アルファベットのAの小文字）とα（ギリシャ語のアルファ），t（ティー）とτ（タウ），x（エックス）とχ（カイ）の違い，1（算用数字）とl（エル）やℓ（リットル記号）など，紛らわしい文字類については，ここに書いたようにカタカナを鉛筆書きで添えるなどの説明を加えるようにしましょう。

ところで，出版・印刷業界には，校正記号と呼ばれる，修正指示にあたっての決まった書き方がありますが，一般に，学術書の著者がそうした記号を覚える必要はありません。しかし，削除と挿入の記号だけは，覚えておいた方がよいかもしれません。長い語句を削除したり挿入したりするのは目に付きやすいのですが，1文字，2文字の削除や挿入を小さく指示するだけだと，作業者の目から（場合によっては，校正する自分自身の目からも）落ちてしまうことになります。

もう一点，曖昧な指示となりやすいのが，複数の著者による共著書で，同じ事柄に関する修正処理が著者によってまちまちである場合です。第4章で例に挙げた「視空間的スケッチパッド」のように，専門概念への理解や評価が著者によってまちまちで表記や訳語が一定しないという場合などもそうですが，最も頻繁に目にするのは，外国人名や地名の表記統一です。たとえば，哲学者 Ludwig Josef Johann Wittgenstein の姓をどう書くか。古い文献に「ヰトゲンシュタイン」と書いてあったとして，それを引いた論考での表記を，ある章の著者は「ウィトゲンシュタイン」と修正し，ある章の著者は「ヴィトゲンシュタイン」と直している，ということはよくあることです。余程の事情がある場合を除いて人名や地名の表記は統一すべきですが，ではどれに統一するのか。やはりきちんと指示しておきたいものです。

おわりに
──学術書を「書く」ことと「読む」こと

本書では「二回り外，三回り外」へ，といういい方をしばしばしました。自分の研究と直接に関わるわけではないが，それに関心を持って貰いたい人，役立てて欲しい人々に向けて本を書こう，という趣旨でしたが，では，そういった人々がどこにいるのか？　そうした「二回り外」の人々について，書き手自身が関心を持たねば，そもそも読者は誰なのか，想像することすらできないでしょう。本書第 1 章で「教養主義」の崩壊や，学術情報のオンライン化の中で「読者が消失する」，すなわち本の読者が見えにくくなった，と書きましたが，このことは裏を返せば，書き手の側自身が，自分の専門以外への関心を失っているということにならないでしょうか。

次の一覧を見て下さい。

・不斉触媒による水素化反応の研究
・生体高分子の同定および構造解析のための手法の開発
・宇宙ニュートリノの検出に対するパイオニア的貢献
・クォークが少なくとも 3 世代以上あると予言する，対称性の破れの起源の発見
・素粒子物理学と核物理学における自発的対称性の破れの発見
・緑色蛍光タンパク質（GFP）の発見
・パラジウムを触媒とするクロスカップリングの開発
・成熟細胞が初期化され多能性をもつことの発見
・高輝度で省電力の白色光源を実現可能にした青色発光ダイオードの発明

ここに一覧したタイトルが，21 世紀に入ってから，日本人（あるいは元日本国籍）の研究者がノーベル賞に輝いた実績であることは，多くの方がお分かりでしょう。しかし，ごく簡単にでもいいから，その内容を説明して欲しいと言われて，すべてに応えられる方はどれほどいるでしょう。もちろん，その時々には，市民が理解するには十分なレベルでの解説記事が，一般の新聞にも掲載されていました。しかし，どれほどの日本人がそれらの記事を精読したか。一般市民はもちろん，研究・教育を職業とする人でも，かなり怪しいというのが，実情なのではないでしょうか。

いわゆる STAP 細胞を巡る一連の騒動は，学術界の持つ危うさをいくつかの論点で露わにしました。一連の大学改革によって研究現場に市場的な競争原理が持ち込まれたこと，また急速に増大した若手研究者のポストが不足していることが STAP 細胞騒動の背景にあることは，多くの人が指摘します。しかし，学術成果を受容し利用する側の問題は，さほど大きく取り上げられていないのではないか。すなわち，大学改革のもう一つの側面，教養課程を廃止し過剰に専門を重視する施策が導入された結果，研究者も学生も自分の専門以外の事柄には関心を持たなくなったことが，問題の根幹にあると指摘する議論は，少ないように思います。というのも，くだんの研究者の学位論文が十分審査されていなかったという事実や，関係者が，論文内容の十分な検証を行うというよりも，どれだけインパクトのある業績かを PR することに奔走したというエピソードを聞くと，関係する専門家自身が，実は研究内容の細部には関心を持っていなかったのではないか，とさえ疑わせるからです。

「専門でないので分かりませんが」というのは，しばしば研究者どうしの会話で交わされる，一種の常套句のようになってしまいました。「知識か情報か」というのは，本書の中でも立てた問いですが，本来，さまざまな分野で積み重ねられた知的営みの総体であるはずの「知識」は，今や狭い専門ごとに切り分けられた「情報」として，相互には理解不可能なコードになってしまったかのようです。それによってもたらされた「専門外への無関心」。「ノーベル賞級」という発表に踊らされたメディア，政治リーダーも巻き込んだ社会の熱狂と幻滅，そしてその後の事態を見ると，この「専門外への無関心」こそが，STAP細胞騒動の根幹にあるのではないかと思えてきます。

インパクトのある学術書を書こうというのが本書の趣旨ですが，その前提として，発表する成果が信頼するに足るものだと自ら信じると同時に，厳しい批判にさらされることへの覚悟が必要です。そのためには，伝えようとする相手の関心事やトレーニングのレベルに重々注意する必要があり，一言でいえば，自分自身が「二回り外，三回り外」への関心を持つことが大事だといって間違いないでしょう。先に挙げたノーベル賞受賞業績は，多くの研究者にとって，確かに「二回り」以上外であるかも知れません。しかし，広く社会的関心がもたれる事柄に，学術書を書くという立場の者が，無関心でいてよいものか。いうまでもなく，説明するためには，前提とする科学知識も含めたかなりの学びが必要です。そしてそのためには，本を読む必要がある。かくいう筆者自身が，簡単にでも説明できるかといえば相当に怪しいという自省を込めて，そう思います。学術書を「書く」とは，学術書を「読む」ことに他ならない，というのが，本書をまとめるにあたっての，筆者らの思いであり，実をいえば，本書をまとめる契機となったのも，そうした現状を目の当たりにした，いくつかの取り組みにありました。

一つのきっかけは，2010年度から京都大学で，若手研究者のモノグラフの刊行を総長裁量経費によって支援しようという制度が始まり，それによって，年間10件を超える博士論文が，筆者らのもとに寄せられるようになったことです。斬新な発想や方法ではあるものの，主査や副査に向けて学位審査のために書かれたものであるが故に，本としてより広い読者に示すには専門的すぎる内容をどう改訂していただくか，できる限り丁寧にコメントしたいと努める中で，博士論文に共通する問題が明示的に浮かび上がってきました。本書の第II部にあたる内容は，そうした日々の作業から析出した事柄です。

こうして明らかになった事柄は，博士論文ばかりでなく，共同研究による論集など，広く学術書一般を執筆する上で役に立つのではないかと考えて企画されたのが，京都大学附属図書館と京都大学学術出版会の共催で行われた講演会「知っておくとためになる論文執筆術 —— インパクトある研究成果公開のために」(2013年11月1日）でした。何を本として書くか，あるいは本の編成や見出しのあり方などについて，本書中でもご紹介した小田涼関西学院大学准教授と筆者の一人鈴木とで，主に大学院生やポスドクの方々向けにお話ししたものですが，幸い好評を得，これが本書執筆のもう一つの契機となりました。

ところで，後者の講演会では，参加者によるワークショップも行われました。そこでの熱心な討論に触れる中で，実は，専門書を書くということは，書き手自身が専門外への関心を持つことだという思いを強くしました。そこで，同じく附属図書館と出版会の共催によって，トークイベント「将来リーダーになる君へ —— 専門外の専門書を読む」(2014年6月6日）が開かれました。我が国の理系，文系の知を代表する論者である佐藤文隆京都大学名誉教授，山内昌之東京大学名誉教授のお二人と，やはり本書の中でご紹介した中西竜也京都大学白眉センター助教を囲む学部生向けのイベントで，その後，半年にわたり，理系学生は文系図書を，文系学生は理系図書を読むという，読書会が組織されました。そこでの刺激的な討論やエピソードについて，ここで詳しくは述べませんが，こうした一連の取り組みの中で，あらためて，本書第I部で触れた「知識か情報か」という問いをはじめとして，「本とは何か」という問題について，筆者自身が今一度考えてみたいと思うようになりました。

このように振り返ってみると，本書は，筆者二人の著作というよりも，多くの方々との共同作業の中でいただいた，たくさんの教えの賜であるとあらためて思います。

なかでも本書への御推薦の文章までいただいた佐藤文隆先生からは，学術研究における本の位置・役割とは何かという原理的問題について，京都大学学術出版会の元理事長として，日々多くのご教示をいただいています。本書執筆にあたっても，重要な論点をご教示いただきました。また，山内昌之先生からは，本を書き，本を読むという実践的な営みについて，たびたび貴重なお話を伺いました。小田涼先生，中西竜也先生をはじめ本書で事例を挙げさせていただいた研究者の方々，当該書籍の出版社および関係者の方々，そして事例としては挙げられなかった方々も含めて，お手伝いしてきた多くの研究者の方々には，筆者らの日々の生業とあわせ，本書の根幹を支えていただいています。そして，そうした本作りの場を経済的に支えていただいているのが，各種助成団体の関係者の皆様，とりわけ京都大学において人文・社会科学系若手研究者の成果公開を促進してこられた歴代総長，松本紘先生，山極壽一先生です。

また，先にも触れたように，本書は，附属図書館と出版会による共同プログラムの成果に基づいていますが，そうした共同は2008年から続いています。附属図書館の引原隆士館長はじめ歴代館長の先生方，栃谷泰文前事務部長，加藤晃一前情報管理課長はじめ図書館職員の皆さんには，諸企画の成功のために，多くのご援助をいただきました。特に，赤澤久弥さんには，図書館と出版会の共同が始まるそもそもの出会いの頃から，学術出版の営みについて深く関心を寄せていただき，さまざまなご示唆をいただいています。

いうまでもなく，筆者らが拙いながらもここまで仕事をしてこられたのは，幼少時から今に至る恩師の方々の教えの賜です。とりわけ筆者の一人高瀬は高校時代の恩師である故石川敏先生，大学時代の恩師である故西田利貞先生の存在なくしては今に至ることはできませんでした。お二人に心より感謝申し上げます。また，仕事を通して厳しくそして温かく鍛えてくださった各分野の先生方にも，心より御礼申し上げます。

ここでお名前を挙げられなかった方々も含め，さまざまな形で，本書執筆を支えていただいた皆様に心より感謝致します。

最後に，スタッフ自身が著者となる本の刊行を許していただいた，京都大学学術出版会前理事長の檜山爲次郎先生，現理事長の末原達郎先生はじめ理事の先生方，制作に尽力してくれた編集部，営業室，経営管理室の全スタッフに，日頃からの感謝を述べて，本書のまとめといたします。

2015年8月
著者記

参照文献・参照事例

［序　章］

ボック，デレック（宮田由紀夫訳）（2015）『アメリカの高等教育』玉川大学出版部（原著：Bok, D, *Higher Education in America*, Princeton: Princeton University Press, 2013）

Cheney, L (1991) "Foolish and Insignificant Research in the Humanities", *The Chronicle of Higher Education* (July 17, 1991).

Chodorow, S (1999) "The Place of Scholarship, the Scholarly Career, and the Monograph: The Once and Future Monograph", in M. M. Case(ed.),. *The Specialized Scholarly Monograph in Crisis or How Can I Get. Tenure If You Won't Publish My Book?* Association Research Libraries.

Garfield, E (1996) "What Is The Primordial Reference For The Phrase 'Publish Or Perish'?", *The Scientist*, Vol: 10(12).

Hamilton, D (1991) "Research Papers: Who's uncited Now?", *Science* 251: 25.

ホウズ，G・R（箕輪成男訳）（1969）『大学出版部 ── 科学の発展のために』東京大学出版会（原タイトル *To Advance Knowledge: A Handbook on American University Press Publishing*, American University Press Services, 1967）。

日本書籍出版協会（編）（1968）『日本出版百年史年表』日本書籍出版協会。

出版年鑑編集部（編）『出版年鑑　2014』出版ニュース社。

出版ニュース社（編）（1997）『出版データブック　1945〜1996』出版ニュース社。

鈴木哲也（近刊）「知のコミュニケーションの再構築へ ──「大学ランキング」と学術出版」。

東京大学出版会（1991）『東京大学出版会 40 年の歩み』東京大学出版会。

東京大学出版会（2001）『東京大学出版会 50 年の歩み』東京大学出版会。

渡辺勲（1999）「大学出版部と母体大学との関係 ── 続・岐路に立つ大学出版部」『大学出版』41 号。

Waters, L (2004) *Enemies of Promise: Publishing, Persisting, and the Eclipse of Scholarship*, Chicago: Prickly Paradigm Press.

［第 1 章］

Evans, James A. (2008) "Electronic Publication and the Narrowing of Science and Scholarship", *Science* 321: 395–399.

Eve, M（2013）「海外の動向：人社系 OA 誌の最前線」（第 2 回　SPARC Japan セミナー2013「人社系オープンアクセスの現在」での講演）http://www.nii.ac.jp/

sparc/event/2013/pdf/20130823_doc4.pdf
北原保雄（2004）「図書館情報大学閉学式学長式辞」（http://www.ulis.ac.jp/heigaku.html　2014年10月7日閲覧）
竹内洋（2003）『教養主義の没落 ── 変わりゆくエリート学生文化』（中公新書），中央公論新社。
長谷川一（2003）『出版と知のメディア論 ── エディターシップの歴史と再生』みすず書房。
箕輪成男（1983）『歴史としての出版』弓立社。
文部科学省（2012）『科学技術白書〈平成24年版〉強くたくましい社会の構築に向けて ── 東日本大震災の教訓を踏まえて』日経印刷。
文部省学術局情報図書館課（1972）『人文・社会科学関係，学術情報の流通・利用の実態調査・結果報告』。
ル・ゴフ，ジャック（柏木・三上訳）（1977）『中世の知識人 ── アベラールからエラスムスへ』（岩波新書），岩波書店。
鈴木哲也（2008）「知のコミュニケーションの核としての共同 ── 学術情報リポジトリと大学出版会（京都大学の試み）」『大学出版』74号：21–27。
楊暁捷・小松和彦・荒木浩（編）（2013）『デジタル人文学のすすめ』勉誠出版。

［第2章］
河合香吏（編）（2009）『集団 ── 人類社会の進化』京都大学学術出版会。
河合香吏（編）（2013）『制度 ── 人類社会の進化』京都大学学術出版会。
Mueller and Oppenheimer (2014) 'The Pen Is Mightier Than the Keyboard: Advantages of Longhand Over Laptop Note Taking', *Psychological Science*, Vol. 25(6) 1159–1168.
内藤真帆（2011）『ツツバ語 ── 記述言語学的研究』（プリミエ・コレクション8）京都大学学術出版会。
中西竜也（2013）『中華と対話するイスラーム ── 17–19世紀中国ムスリムの思想的営為』（プリミエ・コレクション37）京都大学学術出版会。
小田涼（2012）『認知と指示 ── 定冠詞の意味論』京都大学学術出版会。
長田俊樹（編著）（2013）『インダス ── 南アジア基層世界を探る』（シリーズ　環境人間学と地域），京都大学学術出版会。
齋藤孝（2013）「いま古典力を考える」（シンポジウム「知を磨く西洋古典」（2013年7月23日，主催：京都大学学術出版会・慶應義塾大学出版会・大学出版部協会・活字文化推進会議）での特別講演）。

［第3章］
川口朋子（2011）『戦時下都市防空における建物疎開 ── 京都の事例を中心とし

て』京都大学博士論文（人間・環境学）。
川口朋子（2014）『建物疎開と都市防空 ──「非戦災都市」京都の戦中・戦後』京都大学学術出版会。
床呂郁哉・河合香吏（2011）「なぜ「もの」の人類学なのか？」，床呂・河合編『ものの人類学』序章，京都大学学術出版会。
丹羽朋子（2011）「かたち・言葉・物質性の間 ── 陝北の剪紙が現れるとき」，床呂郁哉・河合香吏編『ものの人類学』1章，京都大学学術出版会。

［第4章］
長田俊樹（編著）（2013）『インダス ── 南アジア基層世界を探る』（シリーズ　環境人間学と地域），京都大学学術出版会。
飛田範夫（2000）「庭園植栽史の研究」京都大学博士論文（農学）。
飛田範夫（2002）『日本庭園の植栽史』京都大学学術出版会。

［第5章］
G supple 編集委員会・小山敦代・池西静江編（2005）『まとめてわかる看護学概論』（G supple）メディカ出版。
林哲介（2006）『科学のセンスをつかむ物理学の基礎 ── エネルギーの理解を軸に』京都大学学術出版会。
池島祥文（2014）『国際機関の政治経済学』京都大学学術出版会。
柿崎一郎（2014）『都市交通のポリティクス ── バンコク　1886〜2012年』京都大学学術出版会。
河合香吏（編）（2007）『生きる場の人類学 ── 土地と自然の認識・実践・表象過程』京都大学学術出版会。
河合香吏（編）（2009）『集団 ── 人類社会の進化』京都大学学術出版会。
河合香吏（編）（2013）『制度 ── 人類社会の進化』京都大学学術出版会。
永田俊・熊谷道夫・吉山浩平（編）（2012）『温暖化の湖沼学』京都大学学術出版会。
内藤真帆（2011）『ツッバ語 ── 記述言語学的研究』京都大学学術出版会。
西田利貞・佐藤矩行（編）（2003）『新しい教養のすすめ　生物学』昭和堂。
小田涼（2012）『認知と指示 ── 定冠詞の意味論』京都大学学術出版会。
老川祥一（2012）渋沢・クローデル賞授賞式での受賞作（小田，2012）審査講評，2012年6月29日，東京：日仏会館。
岡本正明（2015）『暴力と適応の政治学 ── インドネシア民主化と地方政治の安定』（地域研究叢書30）京都大学学術出版会。
小野林太郎（2011）『海域世界の地域研究 ── 海民と漁撈の民族考古学』（地域研

究叢書 24) 京都大学学術出版会。
柴田一成・上出洋介 (編著) (2011)『総説　宇宙天気』京都大学学術出版会。
清水展 (2013)『草の根グローバリゼーション ── 世界遺産棚田村の文化実践と生活戦略』(地域研究叢書 25) 京都大学学術出版会。
高田洋子 (2014)『メコンデルタの大土地所有 ── 無主の土地から多民族社会へ フランス植民地主義の 80 年』(地域研究叢書 27) 京都大学学術出版会。
山本紀夫 (編) (2007)『アンデス高地』京都大学学術出版会。
吉岡桂子 (2015)「「やくざ」社会を体張って考察」(『朝日新聞』2015 年 8 月 2 日付朝刊「読書欄」書評，対象書籍は岡本，2015)。
有文出版 (2013)『教科書ガイド　高校理科　第一学習社版　科学と人間生活』文研出版 (発売)。

[第 6 章]
池島祥文 (2014)『国際機関の政治経済学』京都大学学術出版会。
小林康夫・船曳建夫 (編) (1994)『知の技法』東京大学出版会。
栗田季佳 (2015)『見えない偏見の科学 ── 心に潜む障害者への偏見を可視化する』京都大学学術出版会。
小田涼 (2012)『認知と指示 ── 定冠詞の意味論』京都大学学術出版会。
東京大学教養学部英語部会 (編) (2009)『東大英単』東京大学出版会。
上野勝之 (2013)『夢とモノノケの精神史 ── 平安貴族の信仰世界』京都大学学術出版会。

[第 7 章コラム]
布野修司・ヒメネス・ベルデホ　ホアン・ラモン (2013)『グリッド都市 ── スペイン植民都市の起源，形成，変容，転生』京都大学学術出版会。
布野修司 (2015)『大元都市 ── 中国都城の理念と空間構造』京都大学学術出版会。

索　引

[著者紹介]

鈴木　哲也（すずき　てつや）

京都大学学術出版会専務理事・編集長。
京都大学文学部および教育学部に学び，ライター・編集者として活動の後，1996年より京都大学学術出版会編集次長，2006年より現職。大学出版部協会理事。

高瀬　桃子（たかせ　ももこ）

桃夭舎（とうようしゃ）代表。
京都大学理学部卒業，同大学院理学研究科中退。出版社勤務を経て2000年に独立。書籍編集を中心に活動。

学術書を書く

2015年9月25日　初版第一刷発行

著　者　鈴木　哲也
　　　　高瀬　桃子
発行人　末原　達郎

発行所　京都大学学術出版会
京都市左京区吉田近衛町69番地
京都大学吉田南構内（〒606-8315）
電　話（075）761-6182
FAX（075）761-6190
Home page http://www.kyoto-up.or.jp
振　替　01000-8-64677

ISBN 978-4-87698-884-6
Printed in Japan

印刷・製本　㈱クイックス
装幀　鷺草デザイン事務所
定価はカバーに表示してあります